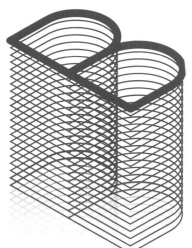

KB003892

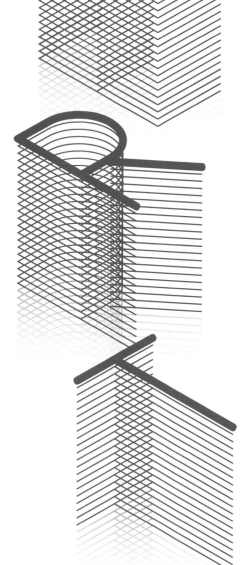

파이토치와
구글 코랩으로
배우는

BERT
입문

아즈마 유키나가 지음   **김모세** 옮김

SE SHOEISHA   **AK** IT

이 책의 예제 파일에 관하여

예제 파일은 다음 깃허브 저장소에서 다운로드할 수 있습니다.

- yukinaga/bert_nlp

  URL https://github.com/moseskim/bert_nlp

이 책에서 제공하는 예제 파일은 환경에서 문제없이 동작하는 것을 확인했습니다(2023년 3월 시점).

샘플 동작 환경

환경, 언어	버전
운영체제	Windows 10/11
브라우저	Google Chrome(Windows)
실행 환경	구글 코랩
파이썬	3.8(2023년 3월 시점, 구글 코랩상의 버전)

라이브러리	버전
datasets	2.10.1
dill	0.3.5.1
fugashi	1.2.1
ipadic	1.0.0
torch	2.0.1+cu118
nlp	0.4.0
numpy	1.22.4
matplotlib	3.7.1
scikit-learn	1.2.2
transformers	4.26.0

- 이 책의 스크린숏은 Windows 10의 것입니다

- 2023년 3월 시점 구글 코랩상에서의 버전입니다. 라이브러리 버전 업데이트에 따라 출력 결과가 다를 수 있습니다. 미리 양지 바랍니다.

옮긴이의 말

이 책은 BERT(Bidirectional Encoder Representations from Transformers)에 관한 내용을 다룹니다. BERT는 2018년 후반에 구글이 발표한 자연어 처리를 위한 새로운 딥러닝 모델입니다. 트랜스포머(Transformer)를 기반으로 하고 있으며, 다양한 자연어 처리 태스크에 맞춰 조정할 수 있는 범용성이 매력입니다. BERT를 사용하면 딥러닝에서 처리하기 어려운 영역이라고 여겨졌던 자연어 처리를 매우 손쉽게 놀라울 정도의 성능으로 처리할 수 있습니다.

이 책에서는 파이토치와 구글 코랩을 어텐션, 트랜스포머, BERT로 이어지는 자연어 기술을 기초부터 학습합니다. 이 책을 모두 읽고 나면 BERT를 포함한 자연어 처리 기술을 매우 친숙하게 느끼는 동시에, 생활에서 활용할 수 있는 여러 아이디어들을 얻을 수 있을 것입니다.

번역을 통해 유익한 지식을 공유할 수 있도록 해주신 하나님께 감사드립니다. 또한 재미있는 책을 번역할 수 있도록 기회를 주신 에이케이커뮤니케이션스 이동섭 대표님께 감사드립니다. 책의 편집 과정에서 많이 고생하시고 도움 주신 강민철 님께도 감사드립니다. 다양한 경험을 바탕으로 책의 완성도를 높일 수 있도록 많은 의견을 주신 베타리더분들께도 감사드립니다. 덕분에 더 좋은 책을 만들 수 있었습니다. 마지막으로 책을 번역하는 동안 한결같은 믿음으로 저를 지지해준 아내와 컴퓨터 앞에서 시간을 보내는 아빠를 응원해 준 세 딸에게도 깊은 감사를 전합니다. 정말 고맙습니다.

2023년 12월

김모세 드림

역자 소개

김모세 creatinov.kim@gmail.com

대학 졸업 후 소프트웨어 엔지니어, 소프트웨어 품질 엔지니어, 애자일 코치 등 다양한 부문에서 소프트웨어 개발에 참여했다. 재미있는 일, 나와 조직이 성장하고 성과를 내도록 돕는 일에 보람을 느껴 2019년부터 번역을 시작했다. 저서로 <코드 품질 시각화의 정석>(지앤선)이 있다. 옮긴 책으로는 <인간 vs. AI 정규표현식 문제 풀이 대결>(제이펍), <추천 시스템 입문>(한빛미디어), <타입스크립트, 리액트, Next.js로 배우는 실전 웹 애플리케이션 개발>(위키북스), <애자일 개발의 기술(2/e)>(에이콘) 등이 있다.

목차

CHAPTER

0

도입

이 책에서는 딥러닝에 기반한 자연어 처리 기술 중에서도 특히 주목을 모으고 있는 BERT를 다룹니다. BERT는 2018년 후반에 구글이 발표한, 자연어 처리를 위한 새로운 딥러닝 모델입니다. 트랜스포머(Transformer)를 기반으로 하고 있으며, 다양한 자연어 처리 태스크에 맞춰 조정할 수 있는 범용성이 매력입니다.

이 책에서는 이 BERT를 파이토치와 구글 코랩을 사용해 컴팩트하고 효율적으로 학습합니다. 파이토치는 프로그램을 쉽게 구현할 수 있고 유연성과 뛰어난 속도를 보여 빠르게 인기를 얻고 있는 머신러닝 프레임워크입니다. 구글 코랩은 환경 설정이 간단하며, 본격적인 코드나 문장, 수식을 손쉽게 기술할 수 있는 파이썬 실행 환경입니다. 이들을 조합함으로써 BERT를 학습하기 위한 장벽이 크게 낮아집니다.

파이토치와 구글 코랩 환경에서 어텐션(Attention), 트랜스포머로부터 BERT로 이어지는 자연어 기술을 이 책에서는 기초부터 체험을 통해 학습합니다. 자연어 처리 기술 구현을 순서대로 따라서 습득하고, BERT 구현까지 수행합니다. 이 책을 마지막까지 읽고 나면 BERT를 포함한 자연어 처리 기술을 매우 친숙하게 느끼게 될 것입니다.

딥러닝을 사용한 자연어 처리 기술은 오늘날의 세계에 큰 영향을 계속해서 미치고 있습니다. 다양한 업무를 더 효율적으로, 더 창의적으로 처리할 수 있는 기술이며, 어떤 분야에서 일하는 사람이라도 딥러닝 기술을 배워두면 쓸모가 있을 것입니다. 파이토치와 구글 코랩을 파트너로 삼아 함께 즐겁게 BERT를 학습해봅시다!

0.1 | 이 책의 특징

이 책의 특징에 관해 설명합니다.

이 책의 가장 큰 특징은 BERT를 기초부터 체험을 통해 학습한다는 점입니다. 어텐션, 트랜스포머, BERT로 이어지는 자연어 처리 기술을 쉽게, 간단하게 설명합니다.

파이토치나 머신러닝 개요, 개발 환경인 구글 코랩에 관한 설명부터 시작해 어텐션, 트랜스포머, BERT에 관한 설명으로 이어갑니다. 프레임워크 파이토치를 사용해 자연어 처리 기술을 무리하지 않고 착실하게 몸에 익힐 수 있습니다. 각 장에서 코드와 함께 파이토치 사용 방법을 학습하고, 프로그래밍 언어 파이썬을 사용해 딥러닝을 구현합니다. 파이썬 자체에 관해서는 설명하지 않으므로 파이썬을 미리 학습해두면 책의 내용을 원활하게 따라 할 수 있을 것입니다.

이 책에서 사용하는 개발 환경인 구글 코랩은 구글 계정만 있다면 누구나 간단하게 사용할 수 있습니다. 환경 구축 장벽이 낮기 때문에, 비교적 원활하게 파이토치와 딥러닝을 학습을 시작할 수 있습니다. 그리고 GPU를 무료로 사용할 수 있으므로 코드 실행 시간을 줄일 수도 있습니다.

이 책을 모두 읽고 나면 다양한 측면에서 BERT를 활용하고 싶게 될 것입니다.

0.1.1 파이썬 기초를 학습하자

이 책은 프로그래밍 언어인 파이썬에 관한 설명은 하지 않지만, 파이썬의 기초를 학습하기 위한 구글 코랩 노트북 문서를 별도로 제공합니다. 다음 URL에서 다운로드할 수 있으므로 파이썬 기초를 학습하고 싶다면 꼭 참고하기 바랍니다.

- 역자 깃허브 저장소
  URL https://github.com/moseskim/bert_nlp

0.1.2 이 책의 구성

이 책은 0장부터 7장으로 구성되어 있습니다.

0장에서는 이 책의 개요에 관해 설명합니다.

1장에서는 자연어 처리 개요 및 트랜스포머, BERT의 개요에 관해 설명합니다. 가장 먼저 여기에서 자연어 처리와 BERT의 전체적인 이미지를 파악합니다.

2장에서는 개발 환경을 준비합니다. 구글 코랩 도입과 사용 방법에 관해 기초부터 설명합니다.

3장에서는 딥러닝용 프레임워크인 파이토치의 기초를 학습합니다.

4장에서는 간단한 BERT 구현 방법을 학습합니다. 프레임워크 파이토치의 기초적인 사용 방법과 BERT를 구현하는 흐름을 학습합니다.

5장에서는 BERT의 구조를 학습합니다. 여기에서는 어텐션, 트랜스포머의 구조, 그리고 이들을 기반으로 한 BERT의 구조에 관해 자세히 설명합니다.

6장에서는 파인 튜닝 활용 방법을 학습합니다. 간단한 파인 튜닝을 구현한 뒤, BERT 모델을 파인 튜닝해서 감정 분석을 구현합니다. 파인 튜닝을 통해 다양한 자연어 처리 태스크에 BERT를 활용할 수 있게 됩니다.

7장에서는 BERT 활용 방법을 학습합니다. BERT 활용 예를 소개하고 BERT를 이용해 일본어 뉴스를 분류합니다.

몇 개의 장 마지막에는 연습 문제가 있습니다. 직접 코드를 작성함으로써 BERT와 자연어 처리에 관한 이해를 높일 수 있을 것입니다. 이 책의 내용에 관해 설명했습니다. 구글 코랩 환경에서 파이토치를 사용해 BERT를 구현해나갑시다!

0.1.3 이 책을 읽으면 할 수 있게 되는 것들

이 책을 모두 읽고 나면 다음을 익힐 수 있습니다.

- 파이토치를 활용해 BERT 구현 코드를 읽을 수 있게 됩니다.
- 구글 코랩 환경에서 BERT를 구현할 수 있게 됩니다.
- BERT를 포함해 자연어 처리 전반의 지식을 익힐 수 있습니다.
- 스스로 조사하면서 BERT를 활용한 코드를 구현할 수 있는 힘을 기를 수 있습니다.

0.1.4 이 책을 읽을 때 주의할 점

이 책을 읽는 동안 다음과 같은 사항에 주의하십시오.

- BERT와 관련된 지식을 모두 망라한 책은 아닙니다. 이 책은 BERT 입문서입니다.
- Transformers 라이브러리를 사용해서 BERT를 구현합니다. 아무것도 없는 상태에서 구현하지 않습니다.
- 이 책에서 프로그래밍 언어 파이썬에 관해서는 설명하지 않습니다. 파이썬을 학습하고 싶은 분은 다른 책을 참고하기 바랍니다.
- 그래프 그리기를 위한 matplotlib 라이브러리를 사용합니다. 그러나 matplotlib의 코드에 관해서는 설명하지 않습니다.
- 구글 코랩 및 구글 드라이브를 사용합니다. 실습에 앞서 구글 계정이 필요합니다.
- 머신러닝, 딥러닝 자체에 관한 설명은 최소한으로 합니다.

0.1.5 이 책의 대상 독자

이 책의 대상 독자는 다음과 같습니다.

- 한 걸음 진보한 자연어 처리 기술을 익히고 싶은 분
- BERT 구현을 효율적으로 간단하게 학습하고 싶은 분
- BERT 개요를 구현을 통해 파악하고 싶은 분
- 인공 지능/머신러닝에 많은 관심이 있는 분
- 실무에서 자연어 처리를 다루고 싶은 분
- 전문 분야에서 BERT를 응용하고 싶은 연구자, 엔지니어
- 유용한 자연어 처리 모델을 찾는 분

0.1.6 이 책의 사고 방식

이 책을 읽기만 해도 학습은 진행할 수 있지만, 가능하다면 파이썬 코드를 동작시키면서 읽는 것이 좋습니다. 책에서 사용하고 있는 코드는 웹사이트에서 다운로드할 수 있으므로, 이 코드를 기반으로, 시행착오를 반복해 보는 것도 권장합니다. 실제로 직접 코드를 커스터마이즈하다 보면 구현 방식에 대한 이해가 높아짐과 동시에 딥러닝 자체에도 더욱 흥미가 생길 것입니다.

개발 환경으로는 구글 코랩을 사용하며, 사용 방법은 2장에서 설명합니다. 이 책에서 사용하는 파이썬 코드는 노트북 형식의 파일로 다운로드할 수 있습니다. 이 파일을 구글 드라이브에 업

로드하면 이 책에서 설명하는 코드를 직접 실행해 볼 수 있으며, 장 말미의 연습에 활용할 수도 있습니다.

그리고 노트북 파일에는 마크다운^{Markdown} 표기법을 사용해 LaTeX 형식의 문장으로 수식을 삽입할 수 있습니다. 가능한 노트북 안에서 학습이 완결되도록 구성했습니다.

이 책은 누구라도 학습할 수 있도록 조금씩 친절하게 설명했지만, 한 번의 설명으로는 이해하기 어려운 개념들도 있을 것입니다.

그럴 때는 결코 조급하지 말고, 시간을 들여 조금씩 이해하는 것이 좋습니다. 때로는 어려운 코드도 있을 것입니다. 이해하기 어렵다고 느껴진다면 천천히 해당 위치를 읽어보거나, 검색해보거나, 검증용 코드를 작성하면서 도전해봅시다.

인공 지능 전문가에 국한되지 않고 많은 분들에게 자연어 처리 기술을 학습하도록 하는 것은 큰 의의가 있는 일입니다. 호기심이나 탐구심에 따라 가볍게 시행착오를 반복하면서, BERT의 취급 방법을 몸에 익혀나갑시다.

CHAPTER 1

BERT 개요

이번 장은 이 책에서 학습을 시작하기 위한 도입 내용을 담고 있습니다.

자연어 처리에 관한 개요를 설명한 뒤 트랜스포머와 BERT의 개요에 관해 설명합니다.

1.1 | 딥러닝이란

딥러닝의 개요를 설명합니다. 여러 층으로 구성된 신경망 학습을 딥러닝이라 부르며 공업, 과학, 예술 등의 폭넓은 분야에서 활용되기 시작했습니다.

1.1.1 인공 지능과 머신러닝, 딥러닝

먼저 딥러닝, 머신러닝, 인공 지능의 개념을 정리합니다. 딥러닝은 머신러닝의 한 방법이며, 머신러닝은 인공 지능의 한 분야입니다(그림 1.1).

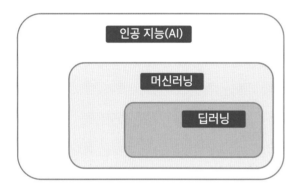

그림 1.1 인공 지능, 머신러닝, 딥러닝

인공 지능(AI)은 말 그대로 인공적으로 만들어진 지능을 말합니다. 그런데 애초에 지능이란 무엇일까요? 지능은 여러 가지로 정의됩니다. 환경과의 상호작용에 따른 적응, 사물의 추상화, 따른 존재와의 커뮤니케이션 등 두뇌가 가진 다양한 지적 능력이라고 생각할 수 있습니다.

그런 지능을 두뇌에서 분리해 인공적인 컴퓨터에서 재현할 수 있습니다. 인공지능은 범용성 면에서 아직 사람을 비롯한 동물의 지능에는 미치지 못하지만, 컴퓨터의 연산 능력이 기하급수적으로 향상됨에 따라 인공 지능은 눈부신 발전을 계속하고 있습니다.

이미 체스, 바둑 등의 게임이나 번역, 의료용 이미지 해석 등 일부 분야에서 인공 지능이 사람을 뛰어넘기 시작했습니다. 사람의 두뇌와 같이 매우 범용성이 높은 지능을 실현하는 것은 아직 어렵지만, 인공 지능은 이미 몇 가지 분야에서 인간을 대체하거나 혹은 인간을 뛰어넘은 존재가 되고 있습니다.

머신러닝은 인공 지능의 한 가지 분야로, 사람 등의 생물의 학습 능력에 가까운 기능을 컴퓨터로 재현하려고 하는 기술입니다. 머신러닝은 그 응용 범위가 넓습니다. 예를 들어 검색 엔진, 기계 번역, 문장 분류, 시장 예측, 작화나 작곡 등의 예술, 음성 인식, 의료, 로봇 공학 등에 두루 사용됩니다.

머신러닝에는 다양한 방법이 있으며 응용 분야의 특성에 따라 머신러닝의 학습 방법도 적절하게 선택해야 합니다. 이제까지 다양한 방법들이 고안되었습니다. 최근 여러 분야에서 높은 성능을 발휘함으로써 주목을 받고 있는 딥러닝은 그런 머신러닝의 한 가지 방법으로, 이 책에서 다루는 BERT의 기반이 됩니다.

1.1.2 신경망의 구조

그림 1.2는 머신러닝의 한 종류인 신경망을 단순하게 나타낸 예입니다.

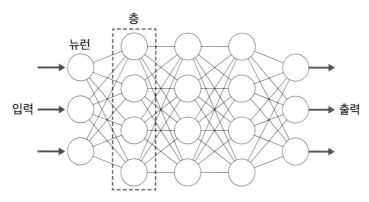

그림 1.2 신경망의 예

그림 1.2의 신경망 예에서는 뉴런이 층층이 나열되어 있습니다. 뉴런은 이전 층의 모든 뉴런이 이후 층의 모든 뉴런과 연결되어 있습니다.

신경망에는 여러 입력과 여러 출력이 존재합니다. 수치를 입력하고, 정보를 전파시켜 결과를 출력합니다. 출력은 확률 등의 예측값으로 해석할 수 있으며, 네트워크를 통해 예측을 수행할 수 있습니다.

그리고 뉴런이나 층의 수를 늘림으로써 신경망은 높은 표현력을 발휘할 수 있게 됩니다.

이상과 같이 신경망은 단순한 기능만 가진 뉴런이 층을 이루어, 층 사이에서 연결이 수행되는 것을 통해 형태가 만들어집니다.

1.1.3 딥러닝

딥러닝은 이름 그대로 많은 층을 가진 깊은 신경망을 사용해 학습합니다. 신경 세포의 네트워크를 모델로 한 신경망을 기반으로 합니다.

여러 층으로 구성된 신경망의 학습은 딥러닝$^{\text{Deep Learning}}$이라 불립니다. 다음 그림은 딥러닝에 사용되는 다층 신경망의 예입니다.

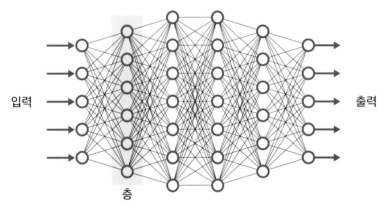

그림 1.3 여러 층으로 구성된 신경망

신경망은 출력과 정답의 차이가 작아지도록 내부의 각 매개변수를 조정함으로써 학습시킬 수 있습니다.

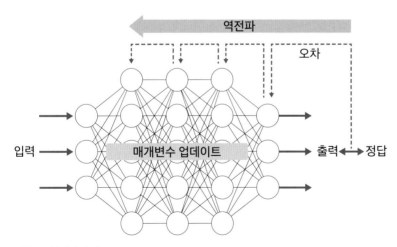

그림 1.4 역전파의 예

신경망에서 한 층씩 거슬러 올라가도록 오차를 전파시켜 기울기를 계산하고, 그 기울기에 기반해 매개변수를 업데이트(갱신)합니다. 이 알고리즘은 역전파^{back-propagation} 또는 오차 역전파 알고리즘이라 부릅니다.

역전파에서는 신경망을 데이터가 거슬러 올라가도록 해서, 신경망 각 층의 매개변수를 조정합니다. 신경망의 각 매개변수가 반복해서 조정됨으로써 네트워크는 차례로 학습을 하고, 적절한 예측을 합니다.

딥러닝은 사람의 지능과 부분적으로 비슷하거나 혹은 지능을 능가하는 높은 성능을 종종 발휘합니다.

그리고 신경망이 몇 층 이상으로 구성되어야 딥러닝이라 부른다는 명확한 기준은 정의되어 있지 않습니다. 몇 개의 층이 겹쳐진 신경망을 활용한 학습을 막연히 딥러닝이라 부르고 있습니다. 기본적으로 층의 수가 많아질수록 네트워크의 표현력은 향상되지만, 그와 동시에 학습은 어려워집니다.

딥러닝은 다른 방법에 비해 압도적으로 정확도가 높은 경우가 많고, 적용 범위를 좁히면 사람의 능력을 뛰어넘기도 합니다.

그리고 딥러닝은 그 범용성이 높다는 것도 특징의 하나입니다. 이제까지 사람만 할 수 있었던 많은 분야에서 부분적이기는 하나, 인간을 대신하고 있습니다. 딥러닝은 많은 가능성을 품고 있으며, 그 성과는 계속해서 세상에 영향을 주고 있습니다. 이후 이제까지 상상조차 할 수 없었던 분야에도 점차 적용될 것이라 예상됩니다.

이 책에서는 이런 딥러닝을 BERT의 기초로 사용합니다. 단, 이 책에서는 딥러닝 자체의 알고리즘에 관해서는 자세히 설명하지 않습니다.

1.2 | 자연어 처리 개요

이번 절에서는 자연어 처리 개요에 관해 설명합니다. 먼저 BERT가 주로 활약하는 분야인 자연어 처리에 관한 전체적인 이미지를 파악합시다.

1.2.1 자연어 처리란?

자연어 처리Natural Language Processing(NLP)는 컴퓨터가 자연어를 이해하고, 처리하기 위한 기술을 가리킵니다, 자연어는 한국어나 영어 등 일상적으로 사용되는 언어입니다. 따라서 자연어 처리는 컴퓨터가 사람의 자연어를 이해하는 것을 목적으로 합니다.

자연어 처리를 사용함으로써 컴퓨터는 텍스트나 음성을 분석하고 의미를 이해할 수 있습니다. 이를 통해 컴퓨터는 사람이 사용하는 자연어를 사용한 대화나 텍스트를 처리할 수 있게 됩니다. 자연어 처리는 다양한 분야에서 활용되고 있습니다. 텍스트 마이닝, 자연어 생성, 기계 번역, 음성 인식, 문서 분류 등 그 용도가 다양합니다. 그리고 문법이나 구문을 이해하기 위해 형태소 분석이나 구문 분석, 의미를 이해하기 위한 의미 분석, 문장을 생성하기 위한 문장 생성 등 다양한 태스크를 다룹니다.

1.2.2 자연어 처리 응용

그럼 인공 지능을 활용한 자연어 처리는 어떤 곳에서 사용될까요?

먼저 구글 등의 검색 엔진입니다. 검색 엔진을 구축하려면 키워드로부터 사용자의 의도에 맞는 결과를 추출하기 위해 고도의 자연어 처리가 필요합니다. 최근에는 이 책의 주제이기도 한 BERT도 검색 엔진에 내장되어 있는 것으로 보입니다.

기계 번역에서도 자연어 처리가 사용됩니다, 언어에 따라 단어의 뉘앙스가 다르기 때문에 외국어 번역은 어려운 태스크입니다. 그러나 점점 정확도가 높은 번역이 가능해지고 있습니다. 구글 번역도 편리하지만 최근에는 DeepL이라는 번역 서비스의 정확도가 높아 널리 사용되고 있습니다. DeepL을 사용하면 일상 언어의 미묘한 뉘앙스까지 번역할 수 있습니다.

그리고 예측 변환에서도 자연어 처리 기술이 사용됩니다. 이후 어떤 입력이 있는가를 예측하기 위해서도 자연어 처리는 매우 유용한 기술입니다.

그리고 스팸 필터링에서도 자연어 처리가 사용되고 있습니다. 우리가 스팸 메일을 고민하지 않고 지낼 수 있는 것도 자연어 처리 덕분입니다.

다음은 음성 비서입니다. 구글 홈Google Home이나 아마존 알렉사Amazon Alexa를 집에서 사용하는 분들이 있을 것입니다. 이처럼 자연어 처리는 생활에 밀접한 기술로도 이미 사용되고 있습니다.

그리고 GPT-3이나 ChatGPT 등 대규모 문장 생성 모델의 등장으로 사람이 쓴 것과 구별하기 어려운 문장을 생성할 수 있게 되었습니다. 이런 모델을 사용해 소설 집필도 이루어지고 있으며, 2022년에 일본에서는 문학상 공모전인 호시신이치상에서 인공지능을 사용해 사용해 집필한 작품이 1차 심사를 통과하기도 했습니다. 이런 콘테스트에서는 실제 응모된 작품 중에서 약 4%가 AI를 사용한 것으로 알려져 있습니다.

그 외에도 고객 대응, 의사의 문진, 법률 상담 등 다양한 분야에서 자연어 처리는 응용되고 있습니다. 자연어 처리를 응용할 수 있는 영역은 매우 넓습니다. 이미 우리 생활에 밀접한 기술이 되어 있습니다.

1.2.3 형태소 분석

여기에서 형태소 분석에 관해 설명합니다. '형태소'란 단어가 말에서 의미를 가진 단어의 최소 단위를 말합니다. 일반적으로 단어라고 생각해도 크게 문제는 없을 것입니다.

형태소 분석이란 자연어를 형태소로 분할하는 것을 말합니다. 일본어나 중국어, 태국어 등은 단어 사이에 공백이 없기 때문에 영어보다 형태소 분석이 어렵습니다. 한국어는 띄어쓰기가 있지만 띄어쓰기 규칙이 느슨한 데다 어간, 어미, 조사가 붙어 있어 형태소의 의미와 문법적인 역할을 파악하기 어렵습니다.

형태소 분석을 수행하지 않으면 어디부터 어디까지 단어로 간주해야 하는지 신경망이 판별할 수 없습니다.

대표적인 일본어 형태소 분석 라이브러리는 다음과 같습니다.[1]

- MeCab
- Janome
- GiNZA
- JUMAN

그 밖에도 다양한 형태소 분석 라이브러리가 존재합니다

각 라이브러리의 정확도나 속도, 설치 용이성, 여러 특징들이 다르므로 필요에 따라 적절한 것을 선택해야 합니다.

1.2.4 단어의 벡터화

word2vec(워드 투 벡터)라 불리는 기술을 사용하면 단어를 벡터화하고, 유사도가 높은 단어를 찾거나, 단어끼리 연산을 수행할 수 있습니다. 벡터화란 텍스트처럼 숫자로 이뤄지지 않는 데이터를 숫자로 바꾸는 과정을 의미합니다.

이후 word2vec에 관한 개요를 설명합니다. word2vec와 같은 기술은 특히 단어를 벡터로 표현하는 데 사용되며, 이렇게 벡터화된 단어는 다차원 공간에서 단어 간의 관계와 유사성을 분석하는 데 활용됩니다.

먼저 원핫 인코딩one-hot representation에 관해 설명합니다. 원핫 인코딩은 각 단어를 1과 0으로 구성된 벡터로 나타냅니다. 예를 들어 すももももももものうち(자두(すもも)/도(も)/복숭아(もも)/의(の)/하나(うち))라는 문장을 생각해봅시다. 이 문장에 대해 각각의 단어를 원핫 인코딩을 나타내 봅시다. 그림 1.5의 표와 같이 이 문장을 단어로 분할하고, 각 단어에 ID를 할당합니다.

すもも も もも の うち

	すもも	も	もも	の	うち
ID	0	1	2	3	4

'すもも'(자두)의 원핫 인코딩: [1 0 0 0 0]

'も'(도)의 원핫 인코딩: [0 1 0 0 0]

그림 1.5 문장을 단어로 분할하고 ID를 할당한다

---

1 (옮긴이) 한국어 형태소 분석라이브러리에는 PeCab, KoNLPy, bareun 등이 있습니다.

원핫 인코딩은 이 ID의 위치를 1, 그 이외를 0으로 하는 벡터입니다. 예를 들어 'すもも'(자두)라는 단어의 원핫 인코딩은 '1 0 0 0 0'이고, 'も'(도)라는 단어의 원핫 인코딩은 '0 1 0 0 0'이 됩니다. 이렇게 원핫 인코딩을 사용해 단어를 신경망에서 다루기 쉬운 벡터의 형태로 만들 수 있습니다.

다음으로 분산 표현에 관해 설명합니다. 원핫 인코딩과 달리 분산 표현에서는 단어 사이의 연관성과 유사도에 기반에 벡터로 단어를 표현합니다. 그림 1.6의 표에서는 분산 표현을 사용해 몇 가지 단어를 나타냈습니다.

200 요소 정도

남성	0.01	0.58	0.24	...
런던	0.34	0.93	0.02	...
Python	0.97	0.08	0.41	...

그림 1.6 분산 표현으로 단어를 나타낸다

각 단어는 200개 정도의 숫자값이 나열된 벡터로 표현됩니다. 이렇게 각 단어를 한정된 요소 수의 벡터로 표현한 것이 분산 표현입니다. 여기에서는 '남성', '런던', 'Python'이라는 3개의 단어가 있습니다. 전부 다른 단어이므로 벡터는 비슷하지 않습니다.

만약 단어의 유사도나 관련성이 높으면, 각 단어들끼리 분산 표현은 비슷해집니다. 이 분산 표현 벡터를 사용해 단어끼리 사칙연산을 할 수 있게 됩니다. 예를 들어 '王'(왕)이라는 단어의 분산 표현에서 '男'(남)이라는 단어의 분산 표현을 빼고, '女'(여)라는 단어의 분산 표현을 더하면 '女王'(여왕)이라는 단어의 분산 표현에 가까운 결과를 얻을 수 있습니다.

이렇게 분산 표현을 활용함으로써 유사도가 높은 단어를 찾아내거나, 단어끼리 연산을 수행할 수 있습니다. 원핫 인코딩에서는 문서에서 사용되는 단어의 수가 매우 많은 경우, 벡터의 표현 수가 수만 개를 넘기도 합니다. 그렇게 되면 학습이 어려워지므로, 분산 표현을 써야 신경망에서 학습이 쉬워집니다.

word2vec는 앞에서 설명한 분산 표현을 작성할 수 있는 기술입니다. word2vec를 사용하면 단순히 수치를 나열할 수 있을 뿐만 아니라, 다른 단어와의 연관성을 나타낸 벡터를 만들 수도 있습니다.

word2vec에서는 CBOW 또는 skip-gram 등의 신경망을 주로 사용합니다.

먼저 CBOW^{Continuous Bag-of-Words}는 전후 단어로부터 대산 단어를 예측하는 신경망입니다.

그림 1.7에 CBOW를 간략하게 나타냈습니다.

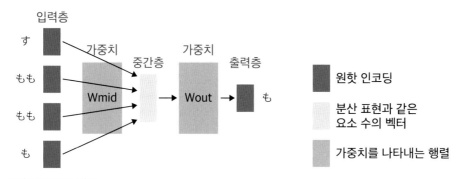

그림 1.7 CBOW 개요

입력층, 중간층, 출력층이 있으며 입력층과 중간층 사이, 중간층과 출력층 사이에 가중치^{weight}가 있습니다.

이 그림에서 짙은 파란색 직사각형은 단어를 나타내는 원핫 인코딩, 옅은 파란색 직사각형은 분산 표현과 같은 요소 수의 벡터, 중간색 직사각형은 가중치를 나타내는 행렬입니다.

입력층에 입력하는 것은 어떤 단어의 앞뒤에 나올 단어입니다. 앞뒤 단어로부터 해당 단어를 예측하도록 이 신경망에 대한 학습을 수행합니다.

예를 들어 'すもももものの'라는 문장의 가운데 단어인 'も(도)'를 예측하도록, 신경망이 학습하게 됩니다. 학습 후 입력층과 중간층 사이에 있는 가중치 행렬은 각 단어의 분산 표현이 나열된 행렬이 됩니다.

이상과 같이 CBOW는 전후 단어로부터 대상 단어를 예측할 수 있도록 분산 표현을 작성합니다. 학습에 필요한 시간은 뒤에서 설명할 skip-gram 보다 짧습니다.

다음으로 skip-gram에 관해 설명합니다. skip-gram은 CBOW와 반대로 어떤 단어로부터 전후 단어를 예측하는 신경망입니다. CBOW 보다 학습 시간은 길지만 정확도가 높은 경우가 많습니다.

그림 1.8에 skip-gram의 개요를 나타냈습니다.

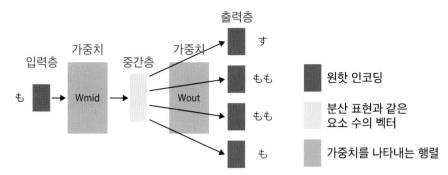

그림 1.8 skip-gram 개요

CBOW와의 차이는 입력이 가운데의 단어가 되고, 출력이 그 앞뒤의 단어가 된다는 점입니다. CBOW와는 반대로 가운데의 단어로부터 그 주변의 단어를 예측하도록 학습을 수행합니다. skip-gram도 CBOW와 마찬가지로 학습에 따른 입력층과 중간층 사이의 가중치 행렬은 분산 표현 벡터가 나열된 행렬이 됩니다.

이상과 같이 단어를 벡터화함으로써 각 단어는 신경망의 입력에 적합한 형태가 됩니다. 단순히 무작위 수치가 나열된 벡터가 아니라, 단어와의 관련성을 고려한 벡터가 됩니다.

1.2.5 RNN(순환 신경망)

자연어 처리에서는 신경망의 일종인 순환 신경망Recurrent Neural Network(RNN)을 많이 사용합니다. RNN은 중간층이 순환 구조를 가지고 있으며, 전후 시각의 중간층과 연결되어 있는 것이 특징입니다.

RNN은 시간에 따라 변화하는 데이터, 즉 시계열 데이터를 입력으로 받을 수 있으므로 음성이나 문장, 동영상 등을 다루기에 적합합니다.

RNN은 시간에 따라 변화하는 데이터, 즉 시계열 데이터를 입력이나 학습 데이터로 합니다. 이런 시계열 데이터에는 음성, 문장, 동영상, 주가, 산업 기기의 상태 등이 있습니다. 그리고 RNN에 다음 단어나 문장을 예측하도록 학습시키면 문장을 자동으로 생성할 수도 있습니다. 이 기술은 챗봇이나 소설 자동 집필 등에 응용됩니다.

간단한 RNN에서는 장기 기억을 유지할 수 없다는 단점이 있지만, 그것은 LSTM이나 GRU 등 RNN의 파생 기술을 활용해 어느 정도 보완할 수 있습니다.

RNN은 그림 1.9와 같이 중간층이 루프를 도는(순환하는) 구조를 갖습니다. 중간층이 이전 시각의 중간층과 연결되어 있으며, 이를 통해 시계열 데이터를 다룰 수 있습니다.

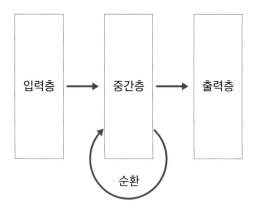

그림 1.9 RNN 개요

그림 1.10은 RNN을 각 시각별로 전개한 것입니다.

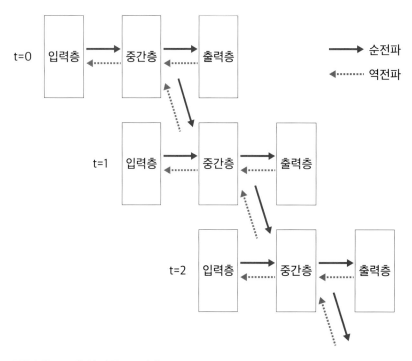

그림 1.10 RNN을 각 시각으로 전개

그림 1.10의 t는 시각을 나타냅니다. 시간에 걸쳐 중간층이 모두 연결되어 있으며, 어떤 의미에서는 깊은 층의 신경망으로 되어 있음을 알 수 있습니다.

그림 1.10의 실선은 순전파forward propagation를 나타냅니다. 순전파에서는 시간 방향으로 입력

을 전파합니다. 그리고 점선은 역전파 시 수행되는 역전파를 나타냅니다. RNN의 역전파는 시계열을 거슬러 올라가도록 오차를 전파합니다. 그리고 일반적인 신경망과 마찬가지로 기울기(경사)를 계산하고, 가중치나 편향bias 등의 매개변수가 업데이트됩니다. 그리고 그림 1.10에는 각 시각에서의 중간층이 있지만, 각 매개변수가 다른 것이 아니라, 모든 시각의 중간층에서 매개변수를 공유합니다.

매개변수는 가중치와 편향 등의 학습하는 값을 나타냅니다.

RNN의 출력 층은 모든 시각에 배치하는 경우와, 가장 마지막 시각에만 배치하는 경우가 있습니다(그림 1.11).

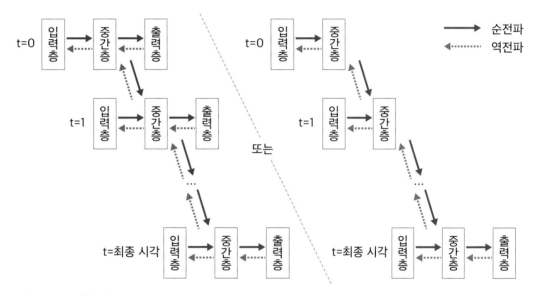

그림 1.11 RNN의 출력

RNN은 어떤 의미에서는 시간 방향으로 깊은 네트워크 구조를 하고 있습니다. 하지만 몇차례 오차를 전파시키면 기울기가 발산하는 '기울기 폭발' 문제나, 기울기가 사라지는 '기울기 소멸' 문제가 종종 발생합니다. RNN의 경우 앞의 시각에서 받은 데이터에 반복해서 같은 가중치를 곱하게 되므로, 이 문제는 일반적인 신경망에 비해 한층 두드러집니다.

다음은 RNN에서 다룰 수 있는 시계열 데이터의 예입니다.

· 문장
· 음성 데이터
· 동영상

- 주가
- 산업용 기기의 상태

이렇게 시계열 데이터는 인간 사회, 자연계에 무수히 존재합니다. 실세계와 연결된 실제적인 데이터를 다룰 수 있다는 것이 RNN의 큰 장점입니다.

1.2.6 Seq2Seq를 사용한 계열 변환

여기에서 RNN의 발전된 형태인 Seq2Seq(시퀀스 투 시퀀스)라는 기술을 소개합니다. Seq2Seq는 계열, 즉, 시퀀스^{Sequence}를 받아 다른 계열로 변화하는 모델이며, 자연어 처리 등에서 잘 활용됩니다.

Seq2Seq는 문장 등의 입력을 압축하는 인코더^{Encoder}, 문장 등의 출력을 전개하는 디코더^{Decoder}로 구성됩니다.

인코더와 디코더 모두 RNN으로 구현되어 있습니다.

다음은 Seq2Seq를 통한 번역의 예입니다(그림 1.12)

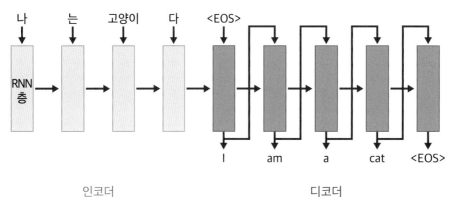

그림 1.12 Seq2Seq를 통한 번역의 예

'나는 고양이다'라는 문장을 'I am a cat'이라는 영문으로 번역하고 있습니다. 그럼에서 여러 개의 직사각형은 RNN 층을 나타냅니다. 연한 파란색 직사각형은 인코더이고, 짙은 파란색 직사각형은 디코더를 나타냅니다.

인코더에는 시계열 데이터가 각 시각에 따라 입력됩니다. 여기에서는 한국어 문장의 각 단어가 순서대로 RNN에 입력으로 들어갑니다.

디코더는 인코더의 상태를 넘겨 받습니다. 그리고 먼저 문장의 끝을 나타내는 EOS^{End-of-}Sentence가 입력으로 들어옵니다. 그리고 출력으로 얻어진 단어를 다음 시각에서의 입력으로 합니다. 이것을 반복함으로써 번역된 영문을 출력으로 얻을 수 있습니다.

이렇게 RNN을 사용하는 Seq2Seq는 시계열 데이터를 다른 시계열 데이터로 변환할 수 있습니다. 문장은 기본적으로 시계열 데이터이므로 Seq2Seq는 자연어 처리에서 매우 유용한 모델입니다.

Seq2Seq의 몇 가지 활용 예를 소개합니다. 먼저 기계 번역입니다. 예를 들어 영어 문장을 프랑스어 문장으로 번역할 때 등에 사용할 수 있습니다. 그리고 문장 요약에서도 사용할 수 있습니다. 원래의 문장을 Seq2Seq에 입력하고, 요약문을 출력합니다. 그리고 대화문도 생성할 수 있습니다. 자신의 발언을 Seq2Seq에 입력하고, 상대의 발언을 얻을 수 있습니다. 이것은 챗봇 등에 응용할 수 있습니다.

이렇게 Seq2Seq는 자연어 처리에 있어 다양한 용도로 사용할 수 있습니다.

1.2.7 자연어 처리에 관해 더 학습하고 싶다면

이 책에서는 자연어 처리에 관한 설명은 이것으로 마칩니다. 자연어 처리에 관해 더 자세히 학습하고 싶다면 아래 유데미^{Udemy} 강좌를 추천합니다.

자연어 처리와 챗봇: AI를 활용한 문장 생성과 대화 엔진 개발(일본어)

자연어 처리를 학습하고 챗봇을 개발하는 강좌입니다. RNN과 LSTM을 학습하고, 텍스트나 대화문 생성을 할 수 있게 됩니다. 필요한 파이썬과 수학을 습득한 뒤, 단어를 벡터화하는 word2vec, 시계열 데이터를 다루는 RNN 등을 학습합니다. 그리고 Seq2Seq를 활용한 대화문 자동 생성 기술을 학습하고, 챗봇 개발로 이어지는 대화문 자동 생성을 수행합니다.

인공 지능을 탑재한 트위터 봇을 만들자[Seq2Seq+Attention+Colab](일본어)

인공 지능(AI)을 탑재한 트위터 봇을 구현하는 강좌입니다. Seq2Seq, Attention 등 딥러닝 기술을 사용해 모델을 훈련시키고, 트위터에 게시나 답변을 할 수 있는 봇을 구현합니다. 이를 위해 필요한 기초로 트위터 API 사용 방법, 딥러닝용 프레임워크인 파이토치 사용 방법, 기본적인 자연어 처리 등을 학습합니다. 직접 인공 지능 봇을 구현하고 세상에 공개해봅시다!

1.3 | 트랜스포머 개요

> 어텐션(Attention)을 기반으로 한 트랜스포머(Transformer)의 개요를 설명합니다.

1.3.1 트랜스포머란?

RNN은 순차적이거나 시계열로 진행되는 데이터를 처리하는 데는 뛰어나지만, 동시에 여러 데이터 입력을 처리하는 병렬 처리에는 뛰어나지 않아 학습에 오랜 시간이 걸린다는 문제가 있습니다. 그리고 장시간의 관계성을 얻어내지 못하므로, 문맥을 얻기 어렵다는 문제도 있습니다.

트랜스포머는 주로 자연어 처리 분야에서 사용되는 딥러닝 모델로, 이러한 RNN의 문제를 극복한 것입니다. 2017년에 구글의 연구팀에서 발표했습니다.

트랜스포머는 자연어 처리에 있어 자연어 번역, 문장 생성, 요약 생성, 음성 인식 등 다양한 태스크에서 높은 정확도를 발휘하는 범용성이 뛰어난 기술입니다.

트랜스포머는 RNN과 마찬가지로 자연어 등의 시계열 데이터를 처리하도록 설계되어 있습니다. 그러나 RNN에서 사용하는 재귀, CNN에서 사용하는 합성곱은 사용하지 않습니다. 트랜스포머는 거의 어텐션 층만 사용합니다. 어텐션을 통해 트랜스포머는 입력 데이터의 길이에 관계없이, 각 입력 데이터가 어느 정도 중요한지 결정하고, 그에 따라 처리할 수 있습니다.

트랜스포머는 병렬 처리가 용이해 대량의 데이터를 빠른 속도로 처리할 수 있어, 대규모 자연어 처리 태스크에서 높은 정확도를 발휘합니다. 그렇기 때문에 트랜스포머는 현재 자연어 처리에서 가장 효과적인 모델의 하나로 알려져 있습니다. 그리고 이미지 인식 태스크에서도 트랜스포머를 사용한 모델이 주목을 받고 있으며, 이미지에 대한 물체 감지나 세그멘테이션 Segmentation 태스크에서도 높은 정확도를 발휘하고 있습니다.

다음 문서는 <Attention Is All You Need>라는 유명한 트랜스포머의 원 논문입니다. 어텐션을 제외한 어떤 것도 필요하지 않다는 의미의 자극적인 제목입니다. 트랜스포머의 모델 구성이나 그 이론적인 배경 등에 관해 자세히 설명했으므로, 원 논문에 흥미가 있는 분들은 꼭 읽어보기 바랍니다.

- Attention Is All You Need

  URL https://arxiv.org/abs/1706.03762

어텐션은 시계열 데이터의 특정 부분에 주의를 기울이도록 학습시키는 방법입니다. 다소 복잡하기 때문에 자세한 내용은 5.2절에서 설명하겠습니다.

트랜스포머는 병렬 처리가 가능하므로 대규모의 데이터셋을 효율적으로 학습할 수 있습니다. 그리고 어텐션을 이용하므로 입력 데이터의 길이에 관계없이 각 입력 데이터가 어느 정도 중요한지 결정하고 중요도에 따라 처리할 수 있습니다. 이런 특징들을 덕분에 트랜스포머는 자연어 처리나 이미지 인식 등 다양한 태스크에서 널리 사용되고 있습니다.

1.3.2 트랜스포머의 구조

Seq2Seq와 마찬가지로 인코더와 디코더로 구성됩니다. 입력을 압축하는 것이 인코더, 압축된 데이터를 전개하는 것이 디코더입니다.

멀티헤드 어텐션Multi-Head Attention 층을 통해 여러 어텐션 처리를 동시에 병렬로 수행할 수 있습니다. 여기서는 개략적으로 설명하고, 자세한 내용은 5장에서 다시 설명하겠습니다(그림 1.13).

인코더에서는 먼저 임베딩Embedding 층에서 입력 문장을 벡터로 압축합니다. 핵심은 앞에서 설명한 분산 표현을 만듭니다. 단어를 나타내는 원핫 인코딩을 적은 다음 차원의 벡터로 변환합니다.

그리고 포지셔널 인코딩Positional Encoding 층에서 여기에 위치 정보를 추가합니다. 위치 정보라는 것은 문장 안에서 어떤 위치인지를 나타내는 정보입니다.

다음은 멀티헤드 어텐션Multi-Head Attention 층입니다. 이 층은 이름 그대로 어텐션 처리를 포함하는 여러 어텐션 헤드가 포함된 층입니다. 트랜스포머에서는 어텐션을 여러 개의 헤드로 나누어 사용하는데, 각 어텐션 헤드는 입력과 출력 간의 관련성을 따로 학습해서 계산합니다. 어텐션 헤드에 관해서는 5장에서 다시 설명합니다.

그런 다음 데이터의 치우침을 없애기 위해 정규화normalization 등을 수행합니다. 그리고 순방향 신경망Feedforward Network이 배치되어 있습니다. 이것은 일반적인 신경망에 가까운 것입니다.

자세한 내용은 5장에서 설명하겠습니다.

원 논문에서는 인코더는 그림 1.14의 3부터 6까지의 처리를 6번 반복합니다. 그 뒤, 디코더로 출력 벡터를 전달합니다.

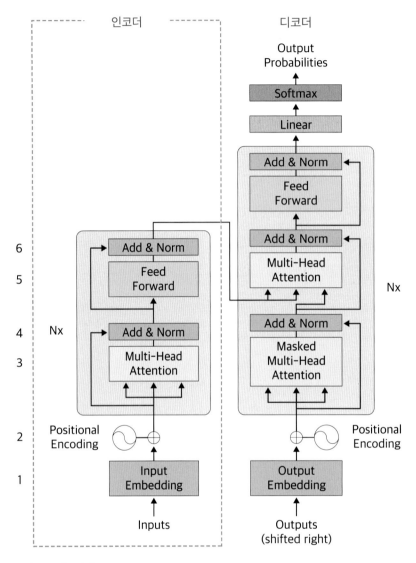

그림 1.13 인코더의 구조
(출처 : <Attention Is All You Need>의 Figure 1에서 인용 및 작성 https://arxiv.org/abs/1706.03762)

인코더의 구조:

1. 임베딩 층에서 입력 문자를 벡터로 압축

2. 포지셔널 인코딩 층에서 위치 정보를 추가

3. 멀티헤드 어텐션 층

4. 정규화 등

5. 순방향 신경망

6. 정규화 등

3~6을 6회 반복한다

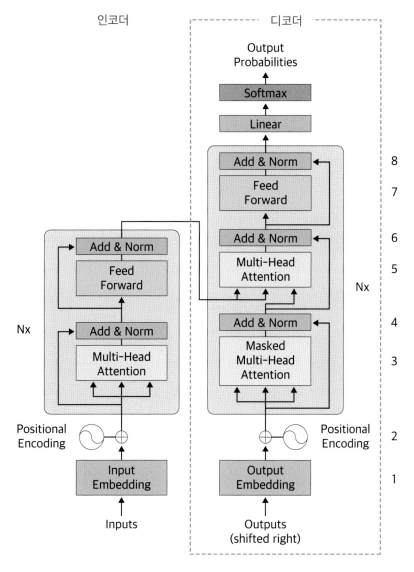

그림 1.14 디코더의 구조
(출처 : <Attention Is All You Need>의 Figure 1에서 인용 및 작성 https://arxiv.org/abs/1706.03762)

디코더의 구조:

1. 임베딩 층에서 입력 문장을 벡터로 압축

2. 포지셔널 인코딩 층에서 위치 정보를 추가

3. 마스크 멀티헤드 어텐션 층

4. 정규화 등

5. 멀티헤드 어텐션 층(인코더의 입력을 사용)

6. 정규화 등

7. 순방향 신경망

8. 정규화 등

3~8을 6회 반복한다.

다음은 디코더에 관해 설명합니다. 먼저 임베딩 층에서 입력 문장을 분산 표현으로 변환합니다. 다음으로 인코더와 마찬가지로 포지셔널 인코딩 층에서 위치 정보를 추가하고, 마스크 멀티헤드 어텐션Masked Multi-Head Attention 층에 입력합니다. 여기서 마스크Masked란 입력의 일부를 숨긴다는 것입니다. 이제 관해서도 5장에서 자세히 설명하겠습니다.

그 뒤, 정규화Normalization를 거쳐 다시 멀티헤드 어텐션 층으로 입력합니다. 여기에서 인코더의 출력이 합류합니다.

다음은 순방향 신경망과 정규화이며, 3부터 8까지를 6번 반복합니다.

이렇게 어텐션을 수차례 반복하도록 구성되어 있습니다. 각 층의 내부에서 어떤 처리가 수행되는지에 관해서는 5장에서 다시 설명합니다. 여기에서는 개요만 확인하고 진행합니다.

인코더와 디코더 그림에서 볼 수 있듯, 트랜스포머에서는 RNN과 CNN을 사용하지 않습니다. 대부분 어텐션만으로 구성되어 있는 것이 특징입니다.

1.4 | BERT 개요

트랜스포머를 기반으로 한 BERT의 개요에 관해 설명합니다.

1.4.1 BERT란?

먼저 BERT[Bidirectional Encoder Representation from Transformers]의 개요에 관해 설명합니다. BERT 는 2018년 후반 구글에서 발표한 새로운 딥러닝 모델입니다.

앞에서 설명한 트랜스포머를 기반으로 하고 있으며, 파인 튜닝을 사용함으로써 다양한 자연어 처리 태스크에 응용할 수 있다는 것이 특징입니다. 그렇기 때문에 기존 자연어 처리 태스크에 비해 범용성이 높습니다. 파인 튜닝은 훈련 완료한 모델을 각 태스크에 맞춰 조정하도록 훈련 하는 것으로, 6장에서 자세히 설명하겠습니다.

다음은 'BERT: Pre-training of Deep Bidirectional Transformers for Language Understanding'이라는 유명한 트랜스포머의 원 논문입니다. 양방향[Bidirectional]이라는 점, 그리 고 트랜스포머를 사용한다는 점을 강조하고 있습니다. BERT 모델의 구조나 그 이론적 배경, 기존 모델과 BERT의 성능 비교 등을 자세하기 설명합니다. 원 논문에 흥미가 있는 분들을 꼭 읽어보기 바랍니다.

- BERT: Pre-training of Deep Bidirectional Transformers for Language Understanding

  URL https://arxiv.org/abs/1810.04805

이후 이 논문을 기반으로 BERT에 관해 설명합니다.

1.4.2 BERT의 학습 개요

BERT에 학습에 관해 설명합니다. 그림 1.15는 앞서 소개한 논문의 그림을 인용한 것입니다.

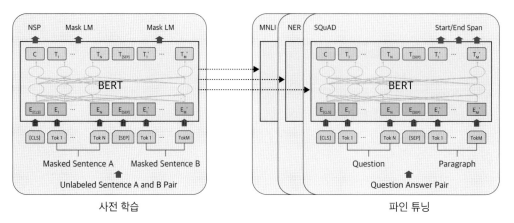

그림 1.15 BERT의 학습
(출처: <BERT: Pre-training of Deep Bidirectional Transformers for Language Understanding>의 Figure 1에서 인용 및 작성 https://arxiv.org/abs/1810.04805)

왼쪽이 사전 학습Pre-training, 오른쪽이 파인 튜닝Fine-tuning입니다.

사전 학습에서는 사전에 범용적인 모델을 훈련시켜 둡니다. 단, BERT의 학습에는 상당한 시간이 걸립니다. 따라서 무언가의 태스크를 다룰 때는, 미리 훈련한 사전 학습 완료 모델을 각 태스크에 맞춰 파인 튜닝하게 됩니다.

하지만 파인 튜닝은 그 정도로 시간이 걸리지는 않습니다. 다양한 태스크에서 하나의 훈련된 모델을 사용하게 됩니다.

사전 훈련 방법으로 이 그림에는 Unlabeled Sentence A and B Pair라고 쓰여 있습니다. 정답 라벨이 없는 2개의 문장 쌍을 전달하게 됩니다. 훈련 데이터에는 막대한 문장의 쌍이 포함되므로, 그것을 사용해서 BERT 모델을 훈련합니다.

2개의 문장 Masked Sentence A와 Masked Sentence B에는 각각 Masked가 붙어 있습니다. 따라서 문장 일부를 숨기게 됩니다. 이에 관해서는 뒤에서 설명하겠습니다.

그럼 파인 튜닝 방법을 확인해봅시다. 이 그림에는 MNLI, NER, SQuAD라는 3개의 태스크가 쓰여 있습니다. 여기에서 전면에 나온 것이 SQuAD 태스크입니다. 이 SQuAD는 질문Questions과 응답Paragraph의 막대한 쌍으로 구성된 데이터셋을 다루는 태스크입니다. 질문과 응답의 쌍을 사용해 파인 튜닝을 수행합니다.

이렇게 각 태스크에 맞춰 파인 튜닝을 수행함으로써 해당 태스크에서 높은 성능을 발휘하는 모델을 만들 수 있습니다. 각 태스크를 위해 처음부터 모델을 훈련시키려고 하면 많은 시간이 소요되고, 훈련 데이터를 대량으로 모으는 데 매우 많은 시간이 소요되므로 공통 부분을 사전에 훈련시켜 두고, 이후 각 태스크 고유의 부분은 파인 튜닝을 통해 훈련시키는 것이 매우 합리적입니다.

1.4.3 BERT의 사전 학습

BERT의 사전 학습에 관해 설명합니다. 앞에서 설명한 것처럼, BERT의 학습은 사전 학습과 파인 튜닝으로 구성됩니다.

BERT에서는 트랜스포머가 문장을 앞에서 뒤로, 그리고 뒤에서 앞으로 양방향Bidirectional 학습을 합니다. 양방향 학습에는 마스크 언어 모델Masked Language Model 및 다음 문장 예측Next Sentence Prediction이라는 2가지 학습 방법이 있습니다. 이 두 가지를 사용해 BERT 모델을 훈련합니다.

파인 튜닝에서는 사전 학습을 통해 얻어진 매개변수를 초기값으로 합니다. 매개변수란 가중치와 편향 등의 학습 가능한 매개변수를 말합니다. 이들을 초기값으로 하여 라벨을 붙인 데이터로 추가로 학습을 수행합니다. 라벨이란 정답 데이터를 말하며, 이것을 사용해 태스크별로 파인 튜닝을 수행합니다.

다음으로 앞에서 조금 살펴봤던 마스크 언어 모델과 다음 문장 예측에 관해 설명하겠습니다.

먼저 마스크 언어 모델입니다. 문장에서 특정한 단어를 무작위로 15%가량 선택해서 [MASK] 토큰으로 치환합니다. 다음은 이에 관한 예시입니다.

```
예: My dog is hairy → My dog is [MASK]
```

My dog is hairy라는 문장이 있습니다. hairy 부분을 [MASK] 토큰으로 치환해 마스크를 씌웁니다. 마스크 언어 모델에서는 이 [MASK] 부분에 이 hairy가 오는 것을 예측하도록 훈련합니다.

다음 문장 예측에서는 2개의 문장의 관계성 여부를 판정하도록 학습합니다. 구체적으로는 연속한 2개의 문장의 뒤쪽 문장을 50% 확률로 관계없는 문장으로 치환합니다. 그리고 뒤쪽 문장이 의미적으로 연결되어 있으면 IsNext, 그렇지 않으면 NotNext 텍스트 판정을 수행하도록 모델을 훈련합니다.

다음은 훈련의 예시입니다.

```
[CLS] the man went to [MASK] store [SEP] / he bought a gallon [MASK] milk [SEP]
판정: IsNext
```

여기에서 [CLS]는 문서의 시작을 나타내는 토큰입니다. [SEP]은 구분자separator이며 문장 사이에 간격을 넣기 위해 사용합니다.

이 2개의 문장에서 가게에 간다는 문장과, 우유를 산다는 문장은 의미적으로 연속된 것으로 보고 IsNext로 판단합니다.

다른 예를 하나 살펴봅시다.

```
[CLS] the man went to [MASK] store [SEP] / penguin [MASK] are flightless birds [SEP]
판정: NotNext
```

여기에서는 가게에 갔다는 문장과, 펭귄은 날지 못하는 새라는 문장이므로 의미적으로 연속되지 않습니다. 따라서 NotNext로 판정합니다.

이렇게 2개의 문장에 관계가 있는지 판정하도록 학습하는 것이 다음 문장 예측입니다.

1.4.4 BERT의 성능

여기에서 BERT의 성능에 관해 설명하겠습니다.

앞에서 SQuAD의 태스크에 관해 설명했습니다. SQuAD는 Stanford Questions Answering Dataset의 약어로 스탠포드대학교에서 일반 공개한 언어 처리 정확도를 측정하는 벤치마크입니다. 이 데이터셋은 약 10만 개의 질의 응답 쌍을 포함하고 있습니다.

그림 1.16은 BERT을 이 SQuAD에 적용한 결과입니다.

System	Dev		Test	
	EM	F1	EM	F1
Top Leaderboard Systems (Dec 10th, 2018)				
Human	–	–	82.3	91.2
#1 Ensemble - nlnet	–	–	86.0	91.7
#2 Ensemble - QANet	–	–	84.5	90.5
Published				
BiDAF+ELMO (Single)	–	85.6	–	85.8
R.M. Reader (Ensemble)	81.2	87.9	82.3	88.5
Ours				
BERT_BASE (Single)	80.8	88.5	–	–
BERT_LARGE (Single)	84.1	90.9	–	–
BERT_LARGE (Ensemble)	85.8	91.8	–	–
BERT_LARGE (Sgl.+TriviaQA)	84.2	91.1	85.1	91.8
BERT_LARGE (Ens.+TriviaQA)	86.2	92.2	87.4	93.2

그림 1.16 BERT를 SQuAD에 적용한 결과
(출처 : <BERT: Pre-training of Deep Bidirectional Transformers for Language Understanding>의 Table 2에서 인용 및 작성 https://arxiv.org/abs/1810.04805)

이 표에서는 몇 가지 모델을 비교하고 있습니다. 'Human'이라고 쓰여진 인간에 의한 결과 외에, BERT 이외의 모델에 의한 결과, BERT에 의한 결과가 게재되어 있습니다. BERT에는 몇가지 종류가 있으며, 규모가 큰 BERT 모델은 사람을 뛰어넘는 매우 높은 성능을 발휘하고 있습니다. 이렇게 BERT는 텍스트 처리 분야에서도 사람보다 높은 성능을 발휘하는 경우가 있어 매우 높은 주목을 받고 있습니다.

그럼 다른 예를 확인해봅니다. 그림 1.17의 표를 확인해봅니다.

System	MNLI-(m/mm)	QQP	QNLI	SST-2	CoLA	STS-B	MRPC	RTE	Average
	392k	363k	108k	67k	8.5k	5.7k	3.5k	2.5k	–
Pre-OpenAI SOTA	80.6/80.1	66.1	82.3	93.2	35.0	81.0	86.0	61.7	74.0
BiLSTM+ELMo+Attn	76.4/76.1	64.8	79.8	90.4	36.0	73.3	84.9	56.8	71.0
OpenAI GPT	82.1/81.4	70.3	87.4	91.3	45.4	80.0	82.3	56.0	75.1
BERT_BASE	84.6/83.4	71.2	90.5	93.5	52.1	85.8	88.9	66.4	79.6
BERT_LARGE	86.7/85.9	72.1	92.7	94.9	60.5	86.5	89.3	70.1	82.1

그림 1.17 BERT를 GLUE에 적용한 결과
(출처 : <BERT: Pre-training of Deep Bidirectional Transformers for Language Understanding>의 Table 1에서 인용 및 작성 https://arxiv.org/abs/1810.04805)

GLUE는 자연어 처리를 위한 여러 타입의 데이터셋을 포함합니다. 이 표에는 그 중 8가지 종류를 사용한 결과를 나타냈습니다.

각 데이터는 다음과 같습니다.

- MNLI-(m/mm): 텍스트 사이의 관계성(함의, 모순, 중립)을 판정하는 데이터셋
- QQP: 2개의 질문이 같은 의미인지 아닌지 판정하는 데이터셋
- QNLI: 문장 나에 질문에 대한 대답이 포함되어 있는지 아닌지 판정하는 데이터셋
- SST-2: 영화 리뷰를 기반으로 감정 분석을 수행하고, 좋은지 나쁜지 판정하는 데이터셋
- CoLA: 문장이 영어 문법을 기준으로 올바른 지 아닌지 판정하는 데이터셋
- STS-B: 2개의 뉴스의 제목의 의미가 비슷한 지 아닌지, 유사성을 판단하는 데이터셋
- MRPC: 2개의 뉴스 기사가 의미적으로 같은 지 아닌지 판정하는 데이터셋
- RTE: 2개의 문장이 함의 관계인지 아닌지 판정하는 데이터셋

이렇게 8종류의 데이터셋으로 BERT의 성능을 판정한 결과가 그림 1.17의 표입니다. BERT는 기존 모델에 비해 그 성능이 훨씬 높다는 것을 알 수 있습니다.

또 한 가지 주목해야 할 점으로 BET의 범용성을 들 수 있습니다. 기존 모델에서는 태스크에 따른 성능의 차이가 상당히 컸지만, BERT는 다양한 태스크에서 높은 성능을 발휘하는 모델임을 알 수 있습니다.

그리고 이 BERT는 영어 외에도 사용할 수 있습니다. BERT의 훈련 완료 모델은 100가지 이상의 언어로 존재하며 일본어 및 한국어 훈련 완료 모델도 존재합니다.

다음은 일본어 훈련 완료 모델을 제공하고 있는 사이트입니다

- 언어 미디어 연구소
  URL https://nlp.ist.i.kyoto-u.ac.jp/index.php?ku_bert_japanese

- Pretrained Japanese BERT models: 도호쿠대학 이누이 연구실
  URL https://github.com/cl-tohoku/bert-japanese

다음은 한국어 훈련 완료 모델을 제공하는 사이트입니다.

- ETRI
  URL https://aiopen.etri.re.kr/bertModel

각 사이트에서는 모델 자체에 관한 상세 설명, 사용 방법, 라이선스에 관해 설명합니다. 이 모델들을 사용하고 싶은 분들을 꼭 방문해보기 바랍니다.

1.5 | 정리

이번 장에서는 자연어 처리, 트랜스포머, BERT의 개요를 학습했습니다.

다음 장부터는 개발 환경인 구글 코랩, 프레임워크인 파이토치, BERT 구조와 구현 방법을 학습합니다. 코드를 작성하면서 시행착오를 통해 BERT 구현에 익숙해집시다.

개발 환경

이 책에서 사용하는 개발 환경인 구글 코랩 개요와 사용 방법에 관해 설명합니다. 구글 코랩은 많은 기능을 제공하며, GPU를 사용할 수 있음에도 불구하고 무료로 간단하게 시작할 수 있습니다.

이번 장에서는 다음 내용을 다룹니다.

○ 구글 코랩 시작 방법   ○ 구글 코랩의 다양한 기능

○ 세션과 인스턴스   ○ 연습

○ CPU와 GPU

가장 먼저 구글 코랩 시작 방법, 및 코드와 문장을 기술할 수 있는 노트북을 다루는 방법에 관해 설명합니다.

그리고 CPU와 GPU, 세션과 인스턴스에 관해 설명합니다. 딥러닝에는 자주 상당한 계산량이 필요하므로, 이 개념들을 파악해두는 것이 중요합니다.

이를 바탕으로 구글 코랩의 각 설정과 다양한 기능에 관해 설명합니다.

구글 코랩은 인공 지능 학습과 연구에 매우 편리한 환경이므로 사용 방법을 기억해 두고 언제라도 가볍게 코드를 시도해볼 수 있도록 합시다.

2.1 | 구글 코랩 시작 방법

구글 코랩은 구글이 제공하는 연구, 교육용 파이썬 실행 환경이며 클라우드에서 동작합니다. 브라우저 상에서 매우 손쉽게 머신러닝 코드를 시험해 볼 수 있으며, GPU도 무료로 사용할 수 있어 최근 인기가 높아지고 있습니다.

2.1.1 구글 코랩 준비

구글 코랩을 사용하려면 구글 계정이 필요합니다. 구글 계정이 없다면 아래 URL에서 계정을 생성합니다.

• 구글 계정

　URL https://myaccount.google.com

계정이 준비되었다면 다음 구글 코랩 사이트에 접근합니다.

• 구글 코랩

　URL https://colab.research.google.com

창이 표시되고 파일 선택을 요청하는 경우가 있습니다. 우선 취소합니다.

그림 2.1과 같은 도입 페이지가 표시되는 것을 확인합니다.

그림 2.1 구글 코랩 도입 페이지

구글 코랩은 클라우드상에서 동작하므로 PC에 별도의 파일을 설치할 필요는 없습니다. 구글 코랩에 필요한 설정은 이상입니다.

2.1.2 노트북 사용 방법

먼저 구글 코랩의 노트북을 작성합시다. 페이지 왼쪽 위 '파일'(그림 2.2 ❶)에서 '새 노트'를 선택합니다(그림 2.2 ❷)

그림 2.2 노트북 신규 작성

노트북이 작성되고 새로운 페이지에 표시됩니다(그림 2.3). 노트북은 .ipynb라는 확장자를 가지며, 구글 드라이브의 'Colab Notebooks' 폴더에 저장됩니다.

그림 2.3 노트북 화면

그림 2.3의 화면에서는 위쪽에 메뉴가 표시되어 있으며, 다양한 기능을 사용할 수 있습니다.

노트북 이름은 작성 직후 Untitled0.ipynb 등으로 설정되어 있으나 메뉴에서 '파일' → '이름 바꾸기'를 선택해서 변경할 수 있습니다. my_notebook.ipynb 등 선호하는 이름으로 변경해 둡시다.

파이썬 코드는 화면 가운데 위치한 '코드 셀'이라 불리는 위치에 입력합니다. 코드 2.1과 같은 코드를 입력한 뒤 Shift + Enter키(macOS에서는 Shift + Return키)를 누릅니다. 코드가 실행됩니다.

코드 2.1 파이썬 코드 예

In

```
print("Hello World!")
```

코드 2.1을 실행하면 코드 셀 아래쪽에 다음 실행 결과가 표시됩니다.

Out

```
Hello World!
```

구글 코랩 노트북상에서 파이썬 코드를 실행했습니다. 코드 셀의 가장 아래 위치한 경우, 새로운 셀이 하나 아래 자동으로 추가됩니다(그림 2.4).

그림 2.4 코드 실행 결과

그리고 코드는 Ctrl + Enter키로 실행할 수도 있습니다. 이 경우 코드 셀의 가장 아래 있어도 새로운 셀이 추가되지 않습니다. 같은 셀이 선택된 채로 유지됩니다.

또한 코드는 셀 왼쪽의 실행 버튼으로 실행할 수 있습니다.

이상으로 구글 코랩에서 파이썬 코드를 실행할 준비를 마쳤습니다. 개발 환경 구축에 거의 시간이 걸리지 않는 것은 구글 코랩의 큰 장점입니다.

2.1.3 다운로드 파일 취급 방법

이 책의 코드는 4쪽에 기재되어 있는 부속 데이터 다운로드 사이트에서 다운로드할 수 있습니다. 코드는 .ipynb 형식 파일로, 구글 드라이브에 업로드하면 구글 코랩에서 열 수 있습니다. 일단 구글 드라이브에 업로드한 .ipynb 형식의 파일은 마우스 오른쪽 클릭(그림 2.5 ❶) → '연결 앱'(그림 2.5 ❷)에서 'Google Colaboratory'를 선택하는(그림 2.5 ❸) 등의 방법으로 열 수 있습니다.

그림 2.5 구글 드라이브에서 노트북을 연다

2.2 | 세션과 인스턴스

구글 코랩의 세션과 인스턴스에 관해 설명하겠습니다. 구글 코랩에는 세션과 인스턴스에 관한 90분 규칙과 12시간 규칙이라는 고유한 규칙이 있습니다. 학습에 오랜 시간이 걸릴 때는 특히 중요하므로, 이 규칙에 관해 파악해 둡시다.

2.2.1 세션, 인스턴스란?

구글 코랩에서 자주 사용되는 세션과 인스턴스라는 용어에 관해 설명합니다.

세션Session이란 어떤 활동을 계속 수행하는 상태를 의미합니다. 인터넷에서는 세션 연결을 확립한 뒤 끊어질 때까지의 일련의 통신을 말합니다. 예를 들어 어떤 웹사이트에 접근해서 해당 사이트를 이탈하거나 브라우저를 닫을 때까지, 혹은 로그인에서 로그아웃까지 하나의 세션이 됩니다.

활동을 종료하면 동시에 세션도 종료되지만, 일정한 시간 동안 활동을 하지 안으면 자동으로 종료되기도 합니다.

그리고 인스턴스Instance는 소프트웨어로서 실행된 가상 머신을 작동한 것입니다. 구글 코랩에서는 새로운 노트북을 열면 인스턴스가 작동합니다.

구글 코랩은 각 구글 계정과 연결된 인스턴스를 실행할 수 있고, 그 안에서 GPU와 TPU를 사용할 수 있습니다.

2.2.2 90분 규칙

90분 규칙이란 노트북 세션이 끊어진 뒤 90분 정도가 지나면 인스턴스가 종료되는 규칙입니다.

여기에서 이 인스턴스가 종료되는 과정에 관해 설명합니다. 구글 코랩을 시작하기 위해 새로운 노트북을 열면, 그때 새로운 인스턴스가 기동합니다. 그리고 인스턴스 작동 중에 브라우저를 닫거나, PC가 잠자기 모드에 들어가면 세션이 끊어집니다. 이렇게 세션이 끊어진 뒤 90분 정도 지나면 인스턴스가 종료됩니다.

인스턴스가 종료되면 학습을 다시 해야 하므로, 긴 학습 시간이 필요한 경우에는 노트북을 항상 활성화 상태로 하거나 학습 중인 매개변수를 구글 드라이브에 저장해 두는 등의 대책을 수행해야 합니다.

2.2.3 12시간 규칙

12시간 규칙이란 새로운 인스턴스를 기동한 뒤 최대 12시간이 경과하면 인스턴스가 종료되는 규칙입니다.

새로운 노트북을 열면 새로운 인스턴스가 기동합니다. 이후 12시간 동안에는 새로운 노트북을 열어도 같은 인스턴스를 사용합니다. 그리고 인스턴스 기동부터, 즉, 최초에 새로운 노트북을 연 시점부터 최대 12시간이 지나면 인스턴스가 종료됩니다.

따라서 12시간 이상의 긴 학습을 수행해야 할 때는 학습 중인 매개변수를 구글 드라이브에 저장해 두는 등의 대책을 수행해야 합니다.

2.2.4 세션 관리

'런타임'(그림 2.6 ❶) → '세션 관리'(그림 2.6 ❷)에서 세션 목록을 확인할 수 있습니다(그림 2.6 ❸)

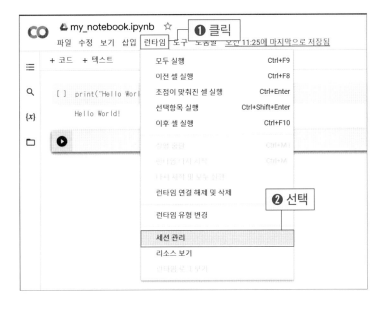

그림 2.6 세션 목록

이 화면에서는 현재 활성화된 세션을 파악하거나 특정 세션을 닫을 수 있습니다.

2.3 | CPU와 GPU

> 구글 코랩에서는 GPU를 무료로 사용할 수 있습니다. GPU를 사용하면 계산 시간이 크게 줄어들므로 적극 사용합니다.

2.3.1 CPU, GPU, TPU란?

구글 코랩에서는 CPU, GPU, TPU를 사용할 수 있습니다.

CPU^{Central Processing Unit}는 컴퓨터에 있어 핵심적인 처리 장치입니다. CPU는 입력 장치 등으로부터 받은 데이터에 대해 연산을 수행하고, 결과를 출력 장치 등으로 출력합니다.

그에 비해 GPU^{Graphic Processing Unit}는 이미지 처리에 특화된 연산 장치입니다. 하지만 GPU는 이미지 처리 이외에도 활용됩니다. CPU보다 병렬 연산 성능이 뛰어나, 행렬 연산에 강하기 때문에 딥러닝에서 자주 사용됩니다.

GPU와 CPU의 차이점 중 하나는 코어 수입니다. 코어는 실제로 연산 처리를 수행하는 위치로, 코어 수가 많으면 한 번에 처리할 수 있는 작업 수가 많아집니다. CPU의 코어 수는 일반적으로 2~8개 정도이며, GPU의 코어 수는 수천 개에 이릅니다.

GPU는 흔히 '인해 전술'에 비유됩니다. GPU는 단순한 처리만 할 수 있지만, 많은 작업 인원(코어)가 동시에 작업함으로써, 태스크에 따라서는 매우 빠르게 효율적으로 작업을 진행할 수 있습니다.

그에 비해 CPU는 '소수 정예'에 비유할 수 있습니다. PC 전체를 관리하는 범용 플레이어입니다. 운영체제, 애플리케이션, 메모리, 스토리지, 외부와의 인터페이스 등 다양한 유형의 처리를 차례로 처리해야 할 필요가 있으며, 태스크를 빠르게 순서대로 처리합니다.

GPU는 메모리에 순차적으로 접근하며, 동시에 조건 분기가 없는 연산에 강하다는 것이 특징입니다.

그리고 그런 요건을 만족하는 계산에 행렬 계산이 있습니다. 딥러닝에서는 매우 많은 행렬 연산을 수행하기 때문에 GPU의 활약이 두드러집니다.

다음으로 TPU^Tensor Processing Unit입니다. 이것은 구글이 개발한 머신러닝에 특화된 집적 회로입니다. 특정한 조건에서는 GPU보다 속도가 빠르기도 합니다.

구글 코랩에서는 GPU와 TPU를 모두 무료로 사용할 수 있습니다. 이 책에서는 일반적으로 널리 사용되는 GPU를 주로 사용합니다.

2.3.2 GPU 사용 방법

구글 코랩에서는 GPU를 무료로 사용할 수 있습니다. GPU는 원래 이미지 처리에 특화한 연산 장치이지만, GPU보다 병렬 연산 성능이 뛰어나고 행렬 연산에 강점을 가지고 있어 딥러닝에서 잘 사용됩니다.

GPU는 메뉴의 '수정'(그림 2.7 ❶)에서 '노트 설정'을 선택하고(그림 2.7 ❷), '하드웨어 가속기'에 'T4 GPU'를 설정해서(그림 2.7 ❸) 사용할 수 있습니다.

그림 2.7 GPU 사용

그리고 구글 코랩에서는 GPU 사용 시간에 제한이 있습니다. GPU 사용 시간에 관해 자세한 내용은 아래 페이지의 자료를 참조하기 바랍니다.

- Colaboratory | 자주 묻는 질문(FAQ) | 기본 사항
  URL https://research.google.com/colaboratory/faq.html

2.3.3 성능 비교

실제로 파이토치를 사용해 딥러닝 코드를 실행하고 CPU를 사용한 경우와 GPU를 사용한 경우의 실행 시간을 비교해봅니다.

코드 2.2는 파이토치를 사용해 구현한 전형적인 합성곱 신경망 코드입니다. 신경망이 5만 장의 이미지를 학습합니다.

이 코드를 실행하고 CPU와 GPU로 실행에 필요한 시간을 비교해봅시다. 기본적으로는 CPU를 사용합니다. '수정' → '노트 설정'의 하드웨어 가속기에서 'T4 GPU'를 선택해 GPU를 사용할 수 있습니다.

코드 2.2 실행 시간 측정

In

```
%%time

import torch
from torch import optim
import torch.nn as nn
import torch.nn.functional as F
from torchvision.datasets import CIFAR10
import torchvision.transforms as transforms
from torch.utils.data import DataLoader

cifar10_train = CIFAR10("./data", train=True, download=True, transform=transforms.
ToTensor())
cifar10_test = CIFAR10("./data", train=False, download=True, transform=transforms.
ToTensor())

batch_size = 64
train_loader = DataLoader(cifar10_train, batch_size-batch_size, shuffle-True)
```

```
test_loader = DataLoader(cifar10_test, batch_size=len(cifar10_test),
shuffle=False)

class Net(nn.Module):
  def __init__(self):
     super().__init__()
     self.conv1 = nn.Conv2d(3, 6, 5)
     self.pool = nn.MaxPool2d(2, 2)
     self.conv2 = nn.Conv2d(6, 16, 5)
     self.fc1 = nn.Linear(16*5*5, 256)
     self.fc2 = nn.Linear(256, 10)

  def forward(self, x):
     x = self.pool(F.relu(self.conv1(x)))
     x = self.pool(F.relu(self.conv2(x)))
     x = x.view(-1, 16*5*5)
     x = F.relu(self.fc1(x))
     x = self.fc2(x)
     return x

net = Net()
if torch.cuda.is_available():
  net.cuda()

loss_fnc = nn.CrossEntropyLoss()
optimizer = optim.Adam(net.parameters())

record_loss_train = []
record_loss_test = []

x_test, t_test = next(iter(test_loader)) # 여기를 수정했다.
if torch.cuda.is_available():
  x_test, t_test = x_test.cuda(), t_test.cuda()

for i in range(10):
```

```
net.train()
loss_train = 0
for j, (x, t) in enumerate(train_loader):
    if torch.cuda.is_available():
        x, t = x.cuda(), t.cuda()
    y = net(x)
    loss = loss_fnc(y, t)
    loss_train += loss.item()
    optimizer.zero_grad()
    loss.backward()
    optimizer.step()
loss_train /= j+1
record_loss_train.append(loss_train)

net.eval()
y_test = net(x_test)
loss_test = loss_fnc(y_test, t_test).item()
record_loss_test.append(loss_test)
```

Out

```
Downloading https://www.cs.toronto.edu/~kriz/cifar-10-python.tar.gz to ./data/
cifar-10-python.tar.gz
100%|███████████| 170498071/170498071 [00:12<00:00, 13976368.24it/s]
Extracting ./data/cifar-10-python.tar.gz to ./data
Files already downloaded and verified
CPU times: user 4min 1s, sys: 5.65 s, total: 4min 6s
Wall time: 4min 21s
```

표시된 결과 중 Wall time이 전체 실행 시간에 해당합니다.

저자가 실행한 환경에서는 CPU의 Wall time은 약 4분 21초, GPU의 Wall time은 약 1분 33초였습니다. 이렇게 GPU를 사용함으로써 학습에 필요한 시간을 크게 줄일 수 있습니다. 그리고 결과는 실행 시의 구글 코랩의 사양에 따라 달라집니다.

그리고 다음과 위 코드를 읽는 방법에 관해서는 이후 장에서 다시 설명합니다.

2.4 | 구글 코랩의 다양한 기능

구글 코랩이 제공하는 다양한 기능들에 관해 소개합니다.

2.4.1 텍스트 셀

텍스트 셀에는 문장을 입력할 수 있습니다. 텍스트 셀은 노트북 위쪽의 '텍스트'를 클릭해 추가할 수 있습니다(그림 2.8).

그림 2.8 텍스트 셀 추가

텍스트 셀의 문장은 마크다운Markdown 표기법으로 작성할 수 있습니다. 그리고 LaTeX 표기법을 사용해 수식을 기술할 수도 있습니다.

2.4.2 스크래치 코드 셀

'삽입'(그림 2.9 ❶) → '스크래치 코드 셀'(그림 2.9 ❷)을 선택합니다. 손쉽게 코드를 작성해서 시험해볼 수 있는 셀이 화면 오른쪽에 나타납니다(그림 2.9 ❸).

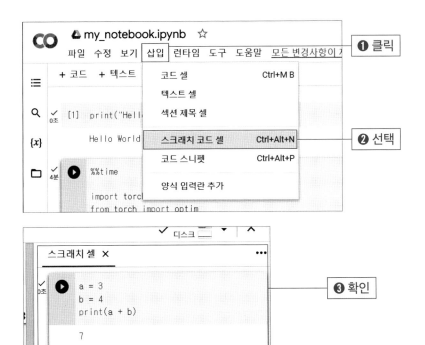

그림 2.9 스크래치 코드 셀

스크래치 코드 셀의 코드는 닫으면 사라지므로 나중에 남길 필요가 없는 코드를 시험할 때 이용합니다.

2.4.3 코드 스니펫

'삽입'(그림 2.10 ❶) → '코드 스니펫'(그림 2.10 ❷)을 선택합니다. 다양한 코드 스니펫(잘라서 재사용할 수 있는 코드)를 노트북에 삽입할 수 있습니다(그림 2.10 ❸).

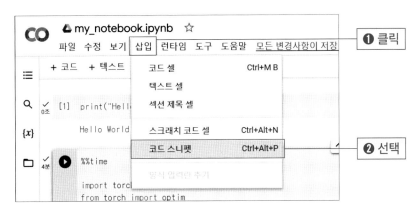

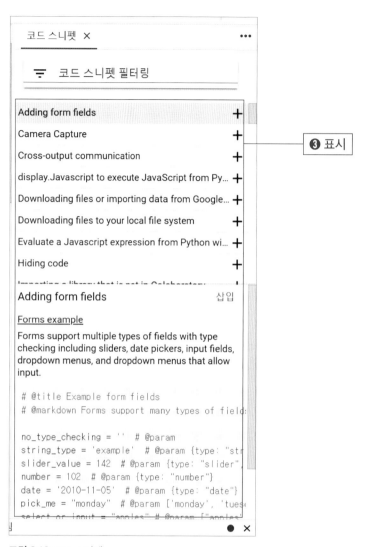

그림 2.10 코드 스니펫

파일 읽고 쓰기, 웹 관련 기능 등을 다루는 다양한 코드들이 미리 작성되어 있습니다. 흥미가 있는 분은 다양한 스니펫을 사용해보기 바랍니다.

2.4.4 코드 실행 이력

'표시'(그림 2.11 ❶) → '실행된 코드 기록'(그림 2.11 ❷)을 선택합니다. 코드 실행 이력을 확인할 수 있습니다(그림 2.11 ❸).

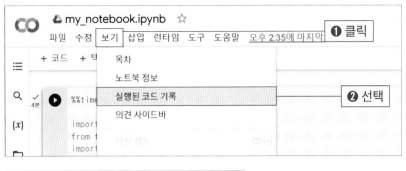

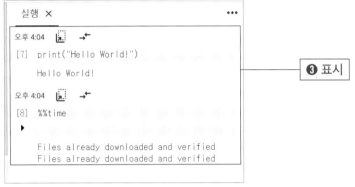

그림 2.11 코드 실행 이력

2.4.5 깃허브와의 연동

깃Git은 프로그래밍을 통한 서비스 개발 환경 등에서 자주 사용되는 버전 관리 시스템입니다.
그리고 깃허브GitHub는 깃의 구조를 사용해 전세계 사람들이 자신의 제품을 공유, 공개할 수 있
도록 한 웹 서비스입니다.

• 깃허브

   URL https://github.com

깃허브에서 작성된 저장소repository는 무료인 경우 모두에게 공개되지만, 유료인 경우 사용자
만 접근할 수 있는 비공개private 저장소를 만들 수 있습니다. 깃허브는 파이토치 외에 텐서플로
TensorFlow나 케라스Keras 등 오픈 소스 프로젝트 공개에도 사용됩니다.

이 깃허브에 구글 코랩의 노트북을 업로드함으로써 노트북을 일반에게 공개하거나, 팀 안에서
공유할 수 있습니다.

깃허브 계정을 가지고 있다면 '파일'(그림 2.12 ❶) → 'GitHub에 사본 저장'(그림 2.12 ❷)을 선택해 기존의 깃허브의 저장소에 노트북을 업로드할 수 있습니다(그림 2.12 ❸❹).

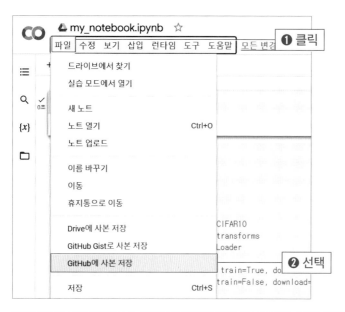

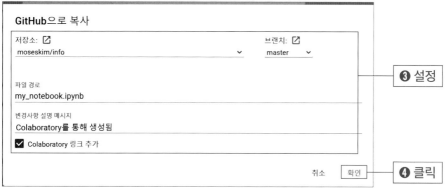

그림 2.12 깃허브 저장소에 노트북 사본을 저장

이외에도 구글 코랩은 여러 편리한 기능을 제공하므로 꼭 시험해봅시다.

2.5 | 연습

이번 장의 연습에서는 구글 코랩의 기본 조작을 연습합니다. 다음 조작을 수행해보고 코드 셀, 텍스트 셀 등의 조작에 익숙해집시다.

2.5.1 코드 셀 조작

코드 셀에 관한 다음 조작을 수행합시다.

- 코드 셀 신규 작성
- 코드 셀에 파이썬 코드를 입력해 'Hello World!'를 표시
- 코드 2.3의 파이썬 코드를 입력하고 실행

코드 2.3 Python 코드

In
```
a = 12
b = 34
print(a + b)
```

2.5.2 텍스트 셀 조작

텍스트 셀에 관한 다음 조작을 수행합시다.

- 텍스트 셀 신규 작성
- 텍스트 셀에 문장을 입력

선택한 텍스트 셀 위쪽에 표시된 아이콘(그림 2.13)을 사용해 다음 조작을 수행합시다.

- 문장 일부를 굵게 표시
- 문장 일부를 기울기(이탤릭) 표시
- 번호 리스트를 추가
- 불릿 리스트를 추가

그림 2.13 선택한 텍스트 셀 위쪽에 표시되는 아이콘

코드 2.4의 LaTeX 표기를 포함한 코드를 텍스트 셀이 입력하고, 수식이 표시되는 것을 확인합니다(그림 2.14).

코드 2.4 LaTeX 기술을 포함한 코드

In

```
$$y=\sum_{k=1}^5 a_kx_k + \frac{b^2}{c}$$
```

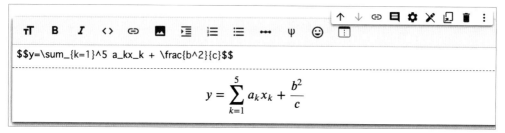

그림 2.14 텍스트 셀에 수식을 표시한다

2.5.3 셀 위치 변경과 삭제

코드 셀, 텍스트 셀 공통의 오른쪽 위 아이콘(그림 2.15)를 사용해 다음 조작을 수행합시다.

- 셀 위치 변경(위아래)
- 셀 삭제

그림 2.15 셀 오른쪽 위 아이콘

2.6 | 정리

이번 장에서는 개발 환경인 구글 코랩의 사용 방법을 학습했습니다. 기본적으로 무료로 사용할 수 있음에도 불구하고 환경 구축이 쉽고, 많은 기능을 제공합니다.

이후 장에서는 이번 장의 내용을 기반으로 딥러닝의 파이토치 구현을 학습합니다. 구글 코랩에는 이 책에서는 소개하지 않은 다양한 기능들이 있으므로, 흥미가 있는 분들은 꼭 시험해보기 바랍니다.

또한 이 책은 이 구글 코랩 환경에서 집필했습니다. 구글 코랩은 기술 문서를 작성할 때도 권장합니다.

CHAPTER 3

파이토치로 구현하는
간단한 딥러닝

이번 장에서는 이 책에서 사용하는 딥러닝용 프레임워크인 파이토치 사용 방법을 학습합니다.

이번 장에서는 다음 내용을 다룹니다.

○ 구현 개요   ○ 최적화 알고리즘

○ 텐서   ○ 에포크과 배치

○ 활성화 함수   ○ 간단한 딥러닝 구현

○ 손실 함수   ○ 연습

이번 장에서는 구글 코랩에서 간단한 딥러닝을 구현합니다 구현 개요부터 설명한 뒤, 파이토치 코드를 읽고 쓰기 위해 필요한 텐서, 활성화 함수, 손실 함수, 최적화 알고리즘 등의 개념을 순서대로 설명합니다.

그리고 파이토치를 사용한 간단한 딥러닝 코드를 설명하고, 마지막으로 이번 장의 연습을 진행합니다.

이번 장의 내용은 이와 같습니다. 간단한 딥러닝을 구현함으로써 파이토치를 활용한 딥러닝 구현의 전체 이미지를 파악할 수 있고, BERT 구현 준비를 할 수 있을 것입니다. 프레임워크인 파이토치와 조금씩 친숙해집니다.

3.1 | 구현 개요

딥러닝 구현에 필요한 개념 및 구현의 대략적인 순서에 관해 설명합니다.

3.1.1 학습하는 매개변수와 하이퍼파라미터

학습하는 매개변수

신경망에는 여러 학습하는 매개변수를 갖습니다. 딥러닝의 목적은 이 학습하는 매개변수를 최적화하는 것입니다.

그러면 학습하는 매개변수가 무엇인지 구체적으로 확인해봅시다. 전형적인 전결합 신경망에서는 그림 3.1과 같이 뉴런이 층층으로 배열됩니다.

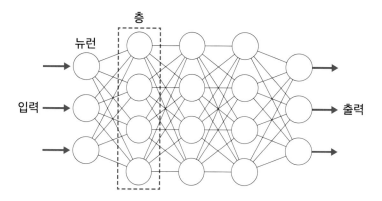

그림 3.1 신경망 층

하나의 뉴런에서 나오는 출력은 앞뒤 층의 모든 뉴런의 입력과 연결되어 있습니다. 하지만 같은 층의 뉴런들은 연결되어 있지 않습니다.

다음으로 구성 단위인 뉴런의 내부 구조를 확인해봅니다(그림 3.2).

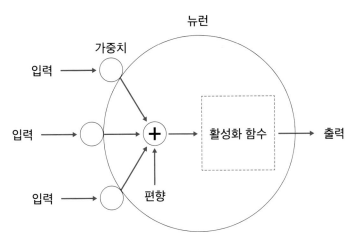

그림 3.2 뉴런 내부의 처리

하나의 뉴런에는 여러 입력이 있습니다. 각 입력에 가중치를 곱해서 총합을 얻습니다. 다음으로 여기에 편향을 더해서 활성화 함수에 의한 처리를 수행해서 출력합니다.

이 가중치와 편향이 이 신경망의 학습하는 매개변수가 됩니다. 신경망은 이 값들을 조정해서 최적화하도록 학습합니다.

이 최적화를 위해 사용하는 것이 역전파(오차 역전파 알고리즘)라 불리는 알고리즘입니다. 신경망 전체에 입력과 출력이 있습니다. 출력과 정답의 오차가 작아지도록 학습하는 매개변수를 조정함으로써 학습할 수 있습니다.

그림 3.3에 역전파 알고리즘을 간략하게 나타냈습니다.

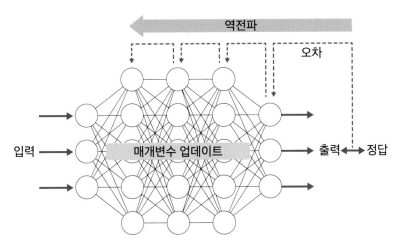

그림 3.3 역전파 알고리즘

역전파에서는 신경망을 데이터가 거슬러 올라가도록 해서 신경망의 각층이 매개변수가 조금씩 조정됩니다. 이를 통해 신경망은 점차 학습을 하고, 적절한 예측을 수행할 수 있게 됩니다.

전결합층의 가중치와 편향만 학습하는 매개변수가 아닙니다. 5장에서는 CNN을 다루는데, 합성곱층의 필터도 학습하는 매개변수를 가집니다. 앞으로 단순히 매개변수라 기재하는 경우에는 이처럼 학습하는 매개변수를 가리키는 것으로 합니다.

하이퍼파라미터

그에 비해 변경되지 않고 고정된 상태인 매개변수를 하이퍼파라미터Hyperparameter라 부릅니다. 층 수, 각 층의 뉴런 수, 뒤에서 설명할 최적화 알고리즘의 종류와 상수, CNN에서의 필터 크기 등은 하이퍼파라미터입니다.

학습을 원활하게 진행하기 위해 하이퍼파라미터는 처음에 신중하게 설정해야 합니다.

3.1.2 순전파와 역전파

신경망에서 입력으로부터 출력을 향해 정보가 전달되는 것을 순전파Forward Propagation라 부릅니다. 어떤 입력에 대응하는 출력을 예측값으로 해석합니다. 순전파는 'forward'라는 메서드 이름과 자주 연관 짓습니다.

반대로 출력으로부터 입력을 향해 정보가 거슬러 올라가는 것을 역전파Backward Propagation라 부릅니다. 역전파는 backward라는 메서드 이름과 자주 연관됩니다.

순전파와 역전파의 관계를 그림 3.4에 나타냈습니다.

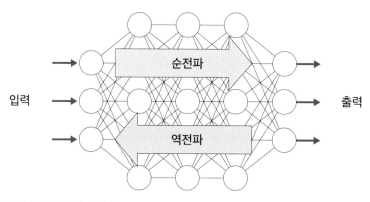

그림 3.4 순전파와 역전파

파이토치의 경우 순전파 코드는 직접 작성해야 하지만, 역전파는 자동으로 수행되므로 직접 구체적인 코드를 작성할 필요가 없습니다.

3.1.3 구현 순서

이상의 내용을 바탕으로 다음 순서에 따라 딥러닝을 구현합니다.

1. 데이터 전처리: 데이터를 파이토치 입력에 적합한 형태로, 그리고 학습이 적절하게 진행되도록 변환합니다.
2. 모델 구축: 층이나 활성화 함수 등을 적절한 순서로 배열해서 딥러닝 모델을 구축합니다.
3. 학습: 훈련용 데이터를 사용해 모델을 훈련합니다. 순전파의 출력이 적절한 값이 되도록 역전파를 사용해 매개변수를 조정합니다.
4. 검증: 훈련한 데이터가 적절하게 동작하는지, 미지의 데이터(훈련 데이터에 없는 데이터)를 사용해 검증합니다.

3.2 | 텐서

텐서(Tensor)는 파이토치에서 가장 기본이 되는 데이터 구조입니다.

여기에서는 텐서의 생성, 텐서 간 계산, 텐서 조작 등의 코드를 구글 코랩에서 연습합니다.

텐서는 수치 연산 라이브러리인 넘파이(NumPy)의 배열과 취급 방법이 비슷하지만, 차이점도 많습니다. 큰 차이점의 하나는 텐서는 넘파이 배열과 달리, 역전파에 필요한 계산을 자동으로 수행할 수 있다는 점입니다.

3.2.1 패키지 확인

구글 코랩 환경에 설치 완료된 패키지를 모두 표시합니다(코드 3.1).

파이토치가 torch라는 이름으로 설치되어 있는 것을 확인합시다.

코드 3.1 구글 코랩 환경에 설치된 패키지 목록을 표시

In

```
!pip list
```

Out

```
Package                  Version
------------------------ ---------------------
absl-py                  1.0.0
alabaster                0.7.12
albumentations           0.1.12
altair                   4.2.0
appdirs                  1.4.4
argon2-cffi              21.3.0
argon2-cffi-bindings     21.2.0
arviz                    0.12.0
astor                    0.8.1
astropy                  4.3.1
```

```
astunparse                1.6.3
atari-py                  0.2.9
atomicwrites              1.4.0
attrs                     21.4.0
audioread                 2.1.9
autograd                  1.4
Babel                     2.9.1
backcall                  0.2.0
...(중략)...
torch                     2.0.1+cu118
...(중략)...
```

3.2.2 텐서 생성

텐서는 다양한 방법으로 생성할 수 있습니다. 코드 3.2에서는 torch의 tensor( ) 함수를 사용해서 텐서를 생성합니다.

여기에서는 파이썬의 리스트에서 텐서를 생성합니다.

그리고 type( )을 사용해서 타입을 확인합니다.

코드 3.2 텐서를 리스트에서 생성
In

```python
import torch
a = torch.tensor([1,2,3])
print(a, type(a))
```

Out

```
tensor([1, 2, 3]) <class 'torch.Tensor'>
```

그 밖에도 다양한 방법으로 텐서를 생성할 수 있습니다.

코드 3.3 다양한 방법으로 텐서를 생성한다
In

```python
print("--- 2차원 리스트에서 생성 ---")
b = torch.tensor([[1, 2],
```

```
                [3, 4]])
print(b)


print("--- dtype을 지정하고, 2배 정밀도의 Tensor로 한다---")
c = torch.tensor([[1, 2],
                [3, 4]], dtype=torch.float64)
print(c)


print("--- 0부터 9까지의 수치로 초기화 ---")
d = torch.arange(0, 10)
print(d)


print("--- 모든 값이 0인 2×3 Tensor ---")
e = torch.zeros(2, 3)
print(e)


print("--- 모든 값이 난수인 2×3 Tensor ---")
f = torch.rand(2, 3)
print(f)


print("--- Tensor의 형태는 size 메서드로 취득 ---")
print(f.size())
```

Out

```
--- 2차원 리스트에서 생성 ---
tensor([[1, 2],
        [3, 4]])
--- dtype을 지정하고, 2배 정밀도의 Tensor로 한다---
tensor([[1., 2.],
        [3., 4.]], dtype=torch.float64)
--- 0부터 9까지의 수치로 초기화 ---
tensor([0, 1, 2, 3, 4, 5, 6, 7, 8, 9])
--- 모든 값이 0인 2×3 Tensor ---
tensor([[0., 0., 0.],
        [0., 0., 0.]])
--- 모든 값이 난수인 2×3 Tensor ---
```

```
tensor([[0.1359, 0.5293, 0.6867],
        [0.5327, 0.2675, 0.3909]])
--- 텐서의 형태는 size 메서드로 취득 ---
torch.Size([2, 3])
```

linspace( ) 함수를 사용하면 지정한 범위에서 연속값을 생성할 수 있습니다. 그래프의 가로축 등에 자주 사용됩니다(코드 3.4).

코드 3.4 linspace() 함수로 텐서를 생성한다
In

```
print("--- -5부터 5까지의 연속값을 10개 생성 ---")
g = torch.linspace(-5, 5, 10)
print(g)
```

Out

```
--- -5부터 5까지의 연속값을 10개 생성 ---
tensor([-5.0000, -3.8889, -2.7778, -1.6667, -0.5556, 0.5556, 1.6667, 2.7778,
         3.8889, 5.0000])
```

3.2.3 넘파이 배열과 텐서의 상호 변환

머신러닝에서는 수치 연산 라이브러리인 넘파이^{NumPy}의 배열이 자주 사용되므로, 텐서와의 상호 변환이 중요합니다.

텐서를 수치 연산 라이브러리인 넘파이 배열로 변환할 때는 numpy( ) 메서드를 사용합니다. 그리고 from_numpy( ) 함수를 이용해 넘파이의 배열을 텐서로 변환할 수 있습니다(코드 3.5).

코드 3.5 넘파이 배열과 텐서의 상호 변환
In

```
print("--- Tensor → NumPy ---")
a = torch.tensor([[1, 2],
                  [3, 4.]])
b = a.numpy()
print(b)


print("--- NumPy → Tensor ---")
```

```
c = torch.from_numpy(b)
print(c)
```

Out

```
--- Tensor → NumPy ---
[[1. 2.]
 [3. 4.]]
--- NumPy → Tensor ---
tensor([[1., 2.],
        [3., 4.]])
```

3.2.4 범위를 지정해서 텐서의 일부에 접근

다양한 방법으로 텐서의 요소에 범위를 지정해서 접근할 수 있습니다(코드 3.6)

코드 3.6 범위를 지정해서 텐서의 요소에 접근한다

In

```
a = torch.tensor([[1, 2, 3],
                  [4, 5, 6]])

print("--- 2개의 인덱스를 지정 ---")
print(a[0, 1])

print("--- 범위를 지정 ---")
print(a[1:2, :2])

print("--- 리스트를 사용해 여러 인덱스를 지정 ---")
print(a[:, [0, 2]])

print("--- 3보다 큰 요소만 지정 ---")
print(a[a>3])

print("--- 요소 변경 ---")
a[0, 2] = 11
print(a)
```

```
print("--- 요소 일괄 변경 ---")
a[:, 1] = 22
print(a)


print("--- 10 보다 큰 요소만 변경 ---")
a[a>10] = 33
print(a)
```

Out

```
--- 2개의 인덱스를 지정 ---
tensor(2)
--- 범위를 지정 ---
tensor([[4, 5]])
--- 리스트를 사용해 여러 인덱스를 지정 ---
tensor([[1, 3],
        [4, 6]])
--- 3보다 큰 요소만 지정 ---
tensor([4, 5, 6])
--- 요소 변경 ---
tensor([[ 1, 2, 11],
        [ 4, 5,  6]])
--- 요소 일괄 변경 ---
tensor([[ 1, 22, 11],
        [ 4, 22,  6]])
--- 10 보다 큰 요소만 변경 ---
tensor([[ 1, 33, 33],
        [ 4, 33,  6]])
```

3.2.5 텐서의 연산

텐서 간 연산은 일정한 규칙에 따라 수행합니다. 형태가 다른 텐서끼리도 조건을 만족하면 연산할 수 있습니다(코드 3.7).

코드 3.7 텐서의 연산

In

```python
# 벡터
a = torch.tensor([1, 2, 3])
b = torch.tensor([4, 5, 6])

# 행렬
c = torch.tensor([[6, 5, 4],
                  [3, 2, 1]])

print("--- 벡터와 스칼라의 연산 ---")
print(a + 3)

print("--- 벡터끼리의 연산 ---")
print(a + b)

print("--- 행렬과 스칼라의 연산 ---")
print(c + 2)

print("--- 행렬과 벡터의 연산(브로드캐스트) ---")
print(c + a)

print("--- 행렬끼리의 연산 ---")
print(c + c)
```

Out

```
--- 벡터와 스칼라의 연산 ---
tensor([4, 5, 6])
--- 벡터끼리의 연산 ---
tensor([5, 7, 9])
--- 행렬과 스칼라의 연산 ---
tensor([[8, 7, 6],
        [5, 4, 3]])
--- 행렬과 벡터의 연산(브로드캐스트) ---
tensor([[7, 7, 7],
        [4, 4, 4]])
```

```
--- 행렬끼리의 연산 ---
tensor([[12, 10, 8],
        [ 6, 4, 2]])
```

c와 a의 합에서는 브로드캐스트^{Broadcast}가 사용됩니다. 브로드캐스트는 조건을 만족하면 형태가 다른 텐서끼리도 연산할 수 있도록 하는 기능입니다. 이 경우 c의 각 행에 a의 대응하는 요소가 더해집니다.

3.2.6 텐서의 형태 변환

텐서에서는 형태를 변환하는 함수나 메서드를 몇 가지 제공합니다.

view( )를 사용하면 텐서의 형태를 자유롭게 변환할 수 있습니다(코드 3.8)

코드 3.8 view()를 사용한 텐서 형태 변환
In
```
a = torch.tensor([0, 1, 2, 3, 4, 5, 6, 7]) # 1차원 Tensor
b = a.view(2, 4) # (2, 4)의 2차원 Tensor로 변환
print(b)
```

Out
```
tensor([[0, 1, 2, 3],
        [4, 5, 6, 7]])
```

여럿 존재하는 인수 중 하나를 -1로 하면, 해당 차원의 요소 수는 자동으로 계산됩니다. 코드 3.9의 예에서는 인수에 2와 4를 지정해야 하는 곳을 2와 -1로 지정했습니다.

코드 3.9 view()의 인수 중 하나를 -1로 한다
In
```
c = torch.tensor([0, 1, 2, 3, 4, 5, 6, 7]) # 1차원 Tensor
d = c.view(2, -1) # (2, 4)의 2차원 Tensor로 변환
print(d)
```

Out
```
tensor([[0, 1, 2, 3],
        [4, 5, 6, 7]])
```

그리고 인수를 -1만 사용하면 텐서는 1차원으로 변환됩니다(코드 3.10)

코드 3.10 view()의 인수를 -1만 사용한다

In

```
e = torch.tensor([[[0, 1],
                   [2, 3]],
                  [[4, 5],
                   [6, 7]]])  # 3차원 Tensor
f = c.view(-1)  # 1차원 Tensor로 변환
print(f)
```

Out

```
tensor([0, 1, 2, 3, 4, 5, 6, 7])
```

그리고 squeeze( )를 사용하면 요소 수가 1인 차원이 삭제됩니다(코드 3.11).

코드 3.11 squeeze()를 사용해 요소 수가 1인 차원을 삭제한다

In

```
print("--- 요소 수가 1인 차원이 포함된 4차원 Tensor ---")
g = torch.arange(0, 8).view(1, 2, 1, 4)
print(g)

print("--- 요소 수가 1인 차원을 삭제 ---")
h = g.squeeze()
print(h)
```

Out

```
--- 요소 수가 1인 차원이 포함된 4차원 Tensor ---
tensor([[[[0, 1, 2, 3]],
         [[4, 5, 6, 7]]]])
--- 요소 수가 1인 차원을 삭제 ---
tensor([[0, 1, 2, 3],
        [4, 5, 6, 7]])
```

반대로 unsqueeze( )를 사용하면 요소 수가 1인 차원을 추가할 수 있습니다(코드 3.12).

코드 3.12 unsqueeze()를 사용해 요소 수가 1인 차원을 추가한다

In

```python
print("--- 2차원 Tensor ---")
i = torch.arange(0, 8).view(2, -1)
print(i)

print("--- 요소 수가 1인 차원을 가장 안쪽(2)에 추가 ---")
j = i.unsqueeze(2)
print(j)
```

Out

```
--- 2차원 Tensor ---
tensor([[0, 1, 2, 3],
        [4, 5, 6, 7]])

--- 요소 수가 1인 차원을 가장 안쪽(2)에 추가  ---
tensor([[[0],
         [1],
         [2],
         [3]],

        [[4],
         [5],
         [6],
         [7]]])
```

3.2.7 다양한 통곗값 계산

텐서에서는 평균값, 합곗값, 최댓값, 최솟값 등 다양한 통곗값을 계산하는 함수를 제공합니다. 텐서로부터 파이썬의 일반적인 값을 얻기 위해서는 item( ) 메서드를 사용합니다(코드 3.13).

코드 3.13 텐서의 다양한 통곗값을 계산한다

In

```python
a = torch.tensor([[1, 2, 3],
                  [4, 5, 6.]])
```

```python
print("--- 평균값을 구하는 함수 ---")
m = torch.mean(a)
print(m.item()) # item()으로 값을 꺼낸다

print("--- 평균값을 구하는 메서드 ---")
m = a.mean()
print(m.item())

print("--- 평균값 ---")
print(a.mean(0))

print("--- 합곗값 ---")
print(torch.sum(a).item())

print("--- 최댓값 ---")
print(torch.max(a).item())

print("--- 최솟값 ---")
print(torch.min(a).item())
```

Out

```
--- 평균값을 구하는 함수 ---
3.5
--- 평균값을 구하는 메서드 ---
3.5
--- 평균값 ---
tensor([2.5000, 3.5000, 4.5000])
--- 합곗값 ---
21.0
--- 최댓값 ---
6.0
--- 최솟값 ---
1.0
```

3.2.8 연습: 텐서끼리의 연산

코드 3.14에 있는 텐서 a와 b 사이에서 다음 연산자를 사용해 연산을 수행하고, 그 결과를 표시합시다.

```
덧셈        : +
뺄셈        : -
곱셈        : *
나눗셈(실수): /
나눗셈(정수): //
나머지      : %
```

a는 2차원, b는 1차원이므로 브로드캐스트가 필요합니다.

코드 3.14 연습: 텐서끼리의 연산

In

```python
import torch

a = torch.tensor([[1, 2, 3],
                  [4, 5, 6]])
b = torch.tensor([1, 2, 3])

print("--- 덧셈 ---")


print("--- 뺄셈 ---")


print("--- 곱셈 ---")


print("--- 나눗셈(실수) --")


print("--- 나눗셈(정수) ---")


print("--- 나머지 ---")
```

3.2.9 해답 예

코드 3.15는 해답 예입니다.

코드 3.15 해답 예 : 텐서끼리의 연산

In

```python
import torch

a = torch.tensor([[1, 2, 3],
                  [4, 5, 6]])
b = torch.tensor([1, 2, 3])
print("--- 덧셈 ---")
print(a + b)


print("--- 뺄셈 ---")
print(a - b)


print("--- 곱셈 ---")
print(a * b)


print("--- 나눗셈(실수) ---")
print(a / b)


print("--- 나눗셈(정수) ---")
print(a // b)


print("--- 나머지 ---")
print(a % b)
```

Out

```
--- 덧셈 ---
tensor([[2, 4, 6],
        [5, 7, 9]])
--- 뺄셈 ---
tensor([[0, 0, 0],
        [3, 3, 3]])
```

```
--- 곱셈 ---
tensor([[ 1, 4, 9],
        [ 4, 10, 18]])
--- 나눗셈(실수) ---
tensor([[1.0000, 1.0000, 1.0000],
        [4.0000, 2.5000, 2.0000]])
--- 나눗셈(정수) ---
tensor([[1, 1, 1],
        [4, 2, 2]])
--- 나머지 ---
tensor([[0, 0, 0],
        [0, 1, 0]])
```

그 밖에도 텐서는 다양한 기능을 갖고 있습니다. 자세한 내용은 다음 공식 문서를 참조하세요.

• torch.Tensor

　URL　https://pytorch.org/docs/stable/tensors.html

3.3 | 활성화 함수

활성화 함수는 말 그대로 뉴런을 활성화하기 위한 함수입니다. 활성화 함수는 뉴런이 받은 입력과 해당 입력에 대한 가중치를 곱한 총합에 편향을 더한 값을 변환하고, 뉴런의 활성화 상태를 표현하기 위한 다른 값으로 변환합니다. 활성화 함수가 없으면 뉴런에서의 연산은 단순한 곱의 총합이 되며, 신경망에서 복잡한 표현을 하는 능력을 잃어버리게 됩니다.

현재까지 다양한 활성화 함수들이 고안되었습니다. 이번 절에서는 대표적인 활성화 함수 몇 가지를 소개합니다.

3.3.1 시그모이드 함수

시그모이드 함수는 0과 1 사이를 부드럽게 변화시키는 함수입니다. 함수로의 입력 x가 작아지면 함수의 출력 y는 0에 가까워지고, x가 커지면 y는 1에 가까워집니다.

시그모이드 함수는 네이피어 수(자연로그의 밑)의 계승을 나타내는 exp를 사용해서 다음의 식으로 나타냅니다.

$$y = \frac{1}{1 + \exp(-x)}$$

이 식에서 x의 값이 음수가 되어 0에서 떨어지면 분모가 커지기 때문에 y는 0에 가까워집니다. 그리고 x의 값이 양수가 되어 0에서 멀어지면 $\exp(-x)$는 0에 가까워지므로 y는 1에 가까워집니다. 식에서 그래프의 형태를 상상할 수 있을 것입니다.

시그모이드 함수는 코드 3.16과 같이 파이토치의 nn을 사용해서 구현할 수 있습니다.

그래프는 matplotlib을 사용해서 표시합니다. 이 책에서는 matplotlib에 관한 설명은 따로 하지 않습니다. matplotlib은 그래프나 이미지, 애니메이션을 표시하기 위한 편리한 라이브러리입니다.

코드 3.16 시그모이드 함수

In

```
import torch
from torch import nn

import matplotlib.pylab as plt

m = nn.Sigmoid() # 시그모이드 함수

x = torch.linspace(-5, 5, 50)
y = m(x)

plt.plot(x, y)
plt.show()
```

Out

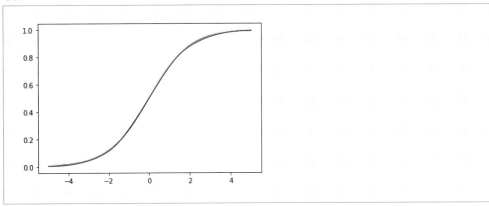

3.3.2 tanh

tanh는 하이퍼볼릭 탄젠트^{Hyperbolic Tangent}라 읽습니다. tanh는 -1과 1 사이를 부드럽게 변화
하는 함수입니다.

곡선의 형태는 시그모이드 함수와 비슷하지만 0을 중심으로 대칭을 이루고 있어, 균형이 잡힌
활성화 함수입니다.

tanh는 시그모이드 함수와 마찬가지로 네이피어 수의 계승을 사용한 식으로 나타냅니다.

$$y = \frac{\exp(x) - \exp(-x)}{\exp(x) + \exp(-x)}$$

시그모이드 함수와 마찬가지로 tanh도 파이토치의 nn을 사용해서 구현할 수 있습니다(코드 3.17).

코드 3.17 tanh 함수

In

```
import torch
from torch import nn
import matplotlib.pylab as plt


m = nn.Tanh() # tanh


x = torch.linspace(-5, 5, 50)
y = m(x)


plt.plot(x, y)
plt.show()
```

Out

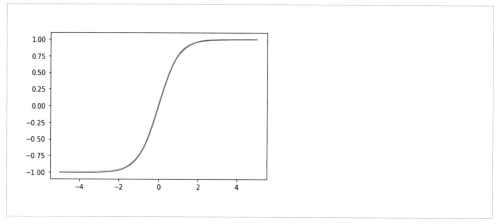

3.3.3 ReLU

ReLU$^{\text{Rectified Linear Unit}}$는 램프 함수라 읽습니다. $x > 0$인 범위에서만 증가하는 값을 갖는 특징이 있는 활성화 함수입니다.

ReLU는 다음과 같은 식으로 나타냅니다.

$$y = \begin{cases} 0 & (x \leqq 0) \\ x & (x > 0) \end{cases}$$

함수로의 입력 x가 0 이하이면 함수의 출력 y는 0, x가 양이면 y는 x와 같은 값이 됩니다.

ReLU도 파이토치의 nn을 사용해서 구현할 수 있습니다(코드 3.18).

코드 3.18 ReLU 함수
In
```
import torch
from torch import nn
import matplotlib.pylab as plt


m = nn.ReLU() # ReLU


x = torch.linspace(-5, 5, 50)
y = m(x)


plt.plot(x, y)
plt.show()
```

Out

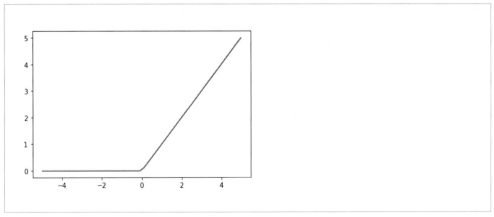

단순하면서도 층의 수가 많아져도 안정된 학습을 할 수 있어, 최근 딥러닝에서는 주로 이 ReLU를 출력층 이외의 활성화 함수로 자주 사용합니다.

3.3.4 항등 함수

항등 함수는 입력을 그대로 출력으로 반환하는 함수입니다. 형태는 직선이 됩니다. 항등 함수는 다음의 간단한 식으로 나타냅니다.

$$y = x$$

항등 함수는 코드 3.19와 같은 코드로 구현할 수 있습니다.

코드 3.19 항등 함수

In

```
import torch
from torch import nn
import matplotlib.pylab as plt


x = torch.linspace(-5, 5, 50)
y = x # 항등 함수


plt.plot(x, y)
plt.show()
```

Out

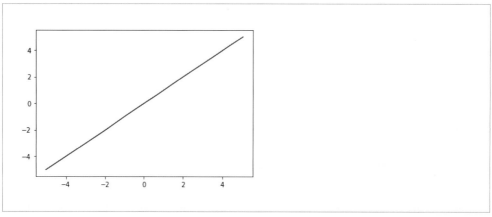

항등 함수는 신경망의 출력층에서 자주 사용됩니다.

3.3.5 소프트맥스 함수

소프트맥스 함수는 신경망으로 분류를 수행할 때 적절한 활성화 함수로, 이제까지 다룬 다른 활성화 함수에 비해 조금 까다로운 수식으로 나타냅니다.

활성화 함수의 출력을 y, 입력을 x로 하고 같은 층의 뉴런의 수를 으로 하면 소프트맥스 함수는 다음 식으로 나타냅니다.

$$y = \frac{\exp(x)}{\displaystyle\sum_{k=1}^{n} \exp(x_k)} \quad \text{[식 3.1]}$$

이 식에서 우변의 분모 $\Sigma_{k=1}^{n} \exp(x_k)$는 같은 층의 각 뉴런의 활성화 함수로의 입력 x_k로부터 $\exp(x_k)$를 계산해서 더한 것입니다.

그리고 다음 관계에서 나타낸 것처럼 같은 층의 모든 활성화 함수의 출력을 더하면 1이 됩니다.

$$\sum_{l=1}^{n} \left(\frac{\exp(x_l)}{\displaystyle\sum_{k=1}^{n} \exp(x_k)} \right) = \frac{\displaystyle\sum_{l=1}^{n} \exp(x_l)}{\displaystyle\sum_{k=1}^{n} \exp(x_k)} = 1$$

여기에 더해 네이피어 수의 거듭제곱은 항상 0보다 크다는 특성이 있으므로, $0 < y < 1$이 됩니다.

이 때문에 식 3.1의 소프트맥스 함수는 뉴런이 대응하는 프레임으로 분류될 확률을 표현할 수 있습니다.

소프트맥스 함수는 파이토치의 nn을 사용해서 구현할 수 있습니다. 코드 3.20의 예에서는 2차원의 텐서를 입력해서 구현했습니다. dim=1과 같이 소프트맥스 함수에서 처리하는 방향을 지정해야 합니다.

코드 3.20 소프트맥스 함수

In

```
import torch
from torch import nn
import matplotlib.pylab as plt


m = nn.Softmax(dim=1) # 각 행에서 소프트맥스 함수


x = torch.tensor([[1.0, 2.0, 3.0],
                  [3.0, 2.0, 1.0]])
```

```
y = m(x)

print(y)
```

Out

```
tensor([[0.0900, 0.2447, 0.6652],
        [0.6652, 0.2447, 0.0900]])
```

출력된 모든 요소는 0부터 1 사이의 범위에 포함되며, 각 행의 합계는 1이 됩니다. 소프트맥스 함수가 동작하고 있음을 확인할 수 있습니다. 이상과 같은 다양한 활성화 함수를 층의 종류나 다루는 문제에 따라 나누어 사용합니다.

활성화 함수는 코드 3.21과 같이 torch를 사용해 구현할 수도 있습니다.

코드 3.21 torch를 사용한 활성화 함수 구현

In

```
import torch
import matplotlib.pylab as plt

x = torch.linspace(-5, 5, 50)
y = torch.sigmoid(x)

plt.plot(x, y)
plt.show()
```

Out

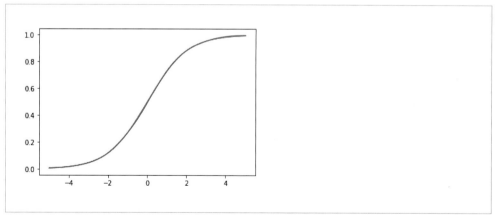

3.4 | 손실 함수

손실 함수(오차 함수)는 출력과 정답 사이의 오차를 정의하는 함수입니다. 손실 함수에는 다양한 종류가 있습니다. 여기에서는 평균 제곱 오차와 교차 엔트로피 오차의 2가지 손실 함수에 관해 설명합니다.

3.4.1 평균 제곱 오차

신경망에는 여러 출력이 있으며, 그와 같은 수의 정답이 있습니다. 그림으로 나타내면 그림 3.5와 같습니다.

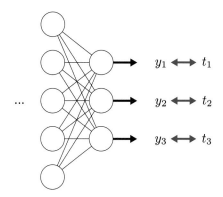

그림 3.5 출력과 정답

여기에서 y_1, y_2, y_3이 출력이고 t_1, t_2, t_3이 정답입니다.

평균 제곱 오차는 출력값과 정답값의 차이를 제곱해서, 모든 출력층의 뉴런의 수로 평균을 구해서 정의한 오차입니다.

평균 제곱 오차는 E를 오차, n을 출력층의 뉴런 수, y_k를 출력층의 각 출력값, t_k를 정답값으로 해서 다음 식으로 나타냅니다.

$$E = \frac{1}{n} \sum_{k=1}^{n} (y_k - t_k)^2$$

모든 출력층의 뉴런에서 y_k와 t_k의 차를 제곱한 뒤, 평균을 구합니다.

평균 제곱 오차와 같은 손실 함수를 사용함으로써 신경망의 출력이 어느 정도 정답과 일치하는가를 정량화할 수 있습니다. 평균 제곱 오차는 정답과 출력 연속적인 수치인 경우에 적합합니다.

평균 제곱 오차는 torch.nn의 MSELoss( ) 함수를 사용해 구현할 수 있습니다(코드 3.22).

코드 3.22 평균 제곱 오차
In

```
import torch
from torch import nn

y = torch.tensor([3.0, 3.0, 3.0, 3.0, 3.0]) # 출력
t = torch.tensor([2.0, 2.0, 2.0, 2.0, 2.0]) # 정답

loss_func = nn.MSELoss() # 평균 제곱 오차
loss = loss_func(y, t)
print(loss.item())
```

Out

```
1.0
```

코드 3.22에서 출력 y는 3.0이 5개인 배열, 정답 t는 2.0이 5개인 배열입니다. 이들의 차의 제곱의 총합은 5.0이지만, 이것을 요소 수인 5로 나눠 평균을 구하므로 MSELoss( )함수는 1.0을 반환합니다.

평균 제곱 오차를 계산할 수 있었습니다. 정답과 출력은 1.0 정도 떨어져 있음을 알 수 있습니다.

3.4.2 교차 엔트로피 오차

교차 엔트로피 오차는 신경망으로 분류를 수행할 때 자주 사용됩니다. 교차 엔트로피 오차는 다음과 같이 출력 y_k의 자연 로그와 정답값 t_k의 곱의 총합을 구한 뒤, 음수를 붙인 것으로 나타냅니다.

$$E = -\sum_{k}^{n} t_k \log(y_k)$$

신경망으로 분류를 수행할 때는 정답에 1이 1개이고 나머지가 0인 원핫 인코딩(예: 0, 1, 0, 0, 0)을 자주 사용합니다. 위 식에서는 우변의 시그마 안에서 t_k가 1인 항목만 남고, t_k가 0인 항목은 사라지게 됩니다.

교차 엔트로피 오차는 torch.nn의 CrossEntropyLoss( ) 함수를 사용해 자주 구현되지만, 이것은 앞 절에서 설명한 소프트맥스 함수와 교차 엔트로피 오차가 함께 되어 있어, 이들을 이어서 계산합니다. 이때의 정답에는 원핫 인코딩을 사용하며, 1의 위치를 인덱스로 지정합니다(코드 3.23).

코드 3.23 소프트맥스 함수 + 교차 엔트로피 오차
In

```
import torch
from torch import nn

# 소프트맥스 함수로의 입력
x = torch.tensor([[1.0, 2.0, 3.0], # 입력 1
                  [3.0, 1.0, 2.0]]) # 입력 2

# 정답(one-hot 인코딩에서 1의 위치)
t = torch.tensor([2, # 입력 1에 대응하는 정답
                  0]) # 입력 2에 대응하는 정답

loss_func = nn.CrossEntropyLoss() # 소프트맥스 함수 + 교차 엔트로피 오차
loss = loss_func(x, t)
print(loss.item())
```

Out

```
0.40760600566864014
```

이 경우, 정답과 출력은 0.4 정도 떨어져 있음을 알 수 있습니다.

이상과 같이 신경망의 출력과 정답 사이에 오차를 정의할 수 있습니다. 이런 오차를 최소화하도록 학습하는 매개변수를 조정하게 됩니다.

3.5 | 최적화 알고리즘

최적화 알고리즘는 오차를 최소화하기 위한 구체적인 알고리즘입니다. 각 매개변수를 그 기울기를 사용해 조금씩 조정하고, 오차가 최소가 되도록 네트워크를 최적화합니다.

이제까지 다양한 최적화 알고리즘이 고안되었습니다. 파이토치에서는 optim을 사용해 이들을 간단하게 구현할 수 있습니다.

3.5.1 기울기와 경사 하강 알고리즘

최적화 알고리즘에서는 오차를 최소화하기 위해 기울기(경사)에 의존합니다. 기울기란 어떤 매개변수를 변화시켰을 때 오차가 변화하는 정도를 나타내는 값입니다. 여러 매개변수 중 하나를 w로 하고, 오차를 E로 했을 때 기울기는 다음 식으로 나타냅니다.

$$\frac{\partial E}{\partial w}$$

이 식은 E를 w로 편미분한 것입니다. ∂은 편미분을 나타내는 기호입니다. 이때 w만 미세하게 변화했을 때, E가 얼마나 변화하는가, 그 변화의 비율(=기울기)를 편미분 형태로 나타냅니다. 기울기를 계산하기 위해서는 역전파가 필요하지만 이 책에서는 그 구체적인 알고리즘에 관해서는 설명하지 않습니다.

파이토치에서는 이 기울기를 자동으로 계산할 수 있습니다. 그러나 여기에 관해서도 이 책에서는 설명하지 않습니다.

경사 하강 알고리즘Gradient Descent Algorithm은 이 기울기를 사용해 최솟값을 향해 하강하도록 매개변수를 변화시키는 알고리즘입니다. 최적화 알고리즘은 이 경사 하강 알고리즘을 기반으로 합니다.

경사 하강 알고리즘을 그림 3.6과 같이 나타낼 수 있습니다.

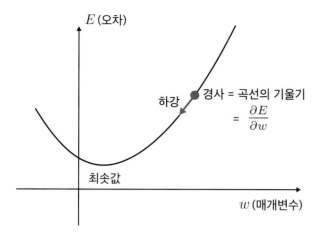

그림 3.6 경사 하강 알고리즘

이 그래프에서 가로 축의 w가 어떤 매개변수, 세로 축의 E가 오차입니다. E를 최소화하기 위해 w를 비탈길에서 미끄러지듯 조금씩 조정합니다. 이 그림의 곡선은 단순한 형태이지만, 실제는 보다 복잡하며 곡선의 형태를 알기는 거의 불가능합니다. 따라서 발 밑의 곡선의 기울기에 대해 조금씩 가중치를 수정해가는 전략을 취할 수 있습니다.

네트워크의 모든 매개변수를 이렇게 곡선을 내려가는 것처럼 조금씩 수정하면, 오차를 점차 줄일 수 있게 됩니다.

3.5.2 최적화 알고리즘 개요

최적화 알고리즘^{Optimizer}는 매개변수를 조정해서 오차를 최소화하기 위한 구체적인 알고리즘입니다. 비유하자면 눈을 감은 채 걸어서 계곡 바닥으로 내려가기 위한 전략입니다. 아무것도 보이지 않으므로 발 밑의 기울기에만 의존합니다.

이때 다음 요소들을 고려해야 합니다.

- 발 밑의 기울기
- 그때까지의 경로
- 경과 시간

전략을 잘못 세우면 국소적인 구덩이에 빠지거나 바닥에 도착하는 데 너무 많은 시간이 걸릴 수도 있습니다.

그런 의미에서 효율적으로 최적 해에 도달하기 위해 최적화 알고리즘의 선택이 중요합니다.

지금까지 다양한 최적화 알고리즘이 고안되었습니다. 여기에서는 이 중 대표적인 몇 가지 알고리즘에 관해 소개합니다.

3.5.3 SGD

SGD$^{Stochastic Gradient Descent}$(확률적 경사 하강 알고리즘)은 다음 식으로 나타내는 간단한 최적화 알고리즘입니다.

$$w \leftarrow w - \eta \frac{\partial E}{\partial w}$$

w는 어떤 매개변수이고 E는 오차입니다. η는 학습 계수라 불리는 상수로, 학습 속도를 결정합니다.

학습 계수와 경사를 곱해서 간단하게 업데이트 양을 결정할 수 있어, 구현이 간단한 것이 장점입니다. 단, 학습 진행 상태에 따라 유연하게 업데이트 양을 조정할 수 없는 것이 문제입니다.

파이토치에서는 다음과 같이 optim을 사용해 SGD를 구현할 수 있습니다.

```
from torch import optim

optimizer = optim.SGD(...
```

3.5.4 모멘텀

모멘텀^{Momentum}은 SGD에 '관성' 항을 추가한 최적화 알고리즘입니다.

다음은 모멘텀을 사용한 매개변수의 업데이트 식입니다.

$$w \leftarrow w - \eta \frac{\partial E}{\partial w} + \alpha \Delta w$$

이 식에서 α는 관성의 강한 정도를 결정하는 상수이며, Δw는 직전 과거의 업데이트 양입니다. 관성항 $\alpha \Delta w$에 의해, 새로운 업데이트 양은 과거의 업데이트 양의 영향을 받게 됩니다.

이로 인해 업데이트 양의 급격한 변화를 방지하고, 매개변수의 업데이트는 보다 원만하게 됩니다. 한편 SGD에 비해 설정이 필요한 상수가 η, α의 2개로 늘어나므로 이들의 조정에 시간이 걸리는 문제점이 발생합니다.

파이토치에서는 다음과 같이 SGD의 인수에 모멘텀 매개변수를 설정해서 이를 구현할 수 있습니다.

```
from torch import optim

optimizer = optim.SGD(..., momentum=0.9)
```

3.5.5 AdaGrad

AdaGrad$^{\text{Adaptive Gradient}}$는 업데이트 양이 자동으로 조정되는 것이 특징입니다. 학습이 진행되면, 학습률이 점점 작아집니다.

다음은 AdaGrad를 사용한 매개변수 w의 업데이트 식입니다.

$$h \leftarrow h + (\frac{\partial E}{\partial w})^2$$

$$w \leftarrow w - \eta \frac{1}{\sqrt{h}} \frac{\partial E}{\partial w}$$

이 식에서는 업데이트할 때마다 h가 반드시 증가합니다. 이 h는 위 식의 분모에 있으므로 매개변수 업데이트를 계속하면 반드시 감소하게 됩니다. 총 업데이트 양이 적은 매개변수는 새로운 업데이트 양이 커지고, 총 업데이트 양이 많은 매개변수는 새로운 업데이트 양이 작아집니다. 이로 인해 넓은 영역에서 점점 탐색 범위를 좁혀 더욱 효율적으로 탐색할 수 있게 됩니다.

AdaGrad에서는 조정할 상수가 η뿐이므로 최적화에 고민하지 않고 진행할 수 있다는 장점이 있습니다. AdaGrad의 단점은 업데이트 양이 항상 감소하므로, 도중에 업데이트 양이 거의 0이 되어 학습이 진행되지 않는 매개변수가 여럿 발생할 가능성이 있다는 점입니다.

파이토치에서는 다음과 같이 optim을 사용해 AdaGrad를 구현할 수 있습니다.

```
from torch import optim

optimizer = optim.Adagrad(...
```

3.5.6 RMSProp

RMSProp^{Root Mean Squared Propagation}에서는 AdaGrad에서 업데이트 양이 줄어들어 학습이 정체되는 문제를 극복했습니다.

다음은 RMSProp을 사용한 매개변수 w의 업데이트 식입니다.

$$h \leftarrow \rho h + (1 - \rho)(\frac{\partial E}{\partial w})^2$$

$$w \leftarrow w - \eta \frac{1}{\sqrt{h}} \frac{\partial E}{\partial w}$$

ρ를 사용해 과거의 h를 특정 비율로 '잊습니다'. 이를 통해 업데이트 양이 줄어든 매개변수라도 다시 학습을 진행할 수 있습니다

파이토치에서는 다음과 같이 optim을 사용해 RMSProp을 구현할 수 있습니다.

```
from torch import optim

optimizer = optim.RMSprop(...
```

3.5.7 Adam

Adam^{Adaptive moment estimation}은 다양한 최적화 알고리즘의 장점을 함께 가지고 있습니다. 그렇기 때문에 자주 다른 알고리즘보다 높은 성능을 발휘하곤 합니다.

다음은 Adam을 사용한 매개변수 w의 업데이트 식입니다.

$$m_0 = v_0 = 0$$
$$m_t = \beta_1 m_{t-1} + (1 - \beta_1)\frac{\partial E}{\partial w}$$
$$v_t = \beta_2 v_{t-1} + (1 - \beta_2)(\frac{\partial E}{\partial w})^2$$
$$\hat{m}_t = \frac{m_t}{1 - \beta_1^t}$$
$$\hat{v}_t = \frac{v_t}{1 - \beta_2^t}$$
$$w \leftarrow w - \eta \frac{\hat{m}_t}{\sqrt{\hat{v}_t} + \epsilon}$$

상수는 $\beta_1, \beta_2, \eta, \epsilon$의 4개입니다. t는 매개변수의 업데이트 횟수입니다.

대략 모멘텀과 AdaGrad를 통합한 듯한 알고리즘으로 되어 있습니다. 상수 숫자가 많지만, 원 논문에는 권장 매개변수가 기재되어 있습니다.

- Adam : A Method for Stochastic Optimization
  URL https://arxiv.org/abs/1412.6980

다소 복잡한 식이지만 파이토치의 optim을 사용하면 다음과 같이 간단하게 구현할 수 있습니다.

```
from torch import optim


optimizer = optim.Adam(...
```

파이토치는 그 밖에도 다양한 최적화 알고리즘을 제공합니다. 흥미가 있는 분들은 다음 공식 문서를 꼭 읽어 보십시오.

- 파이토치 | Algorithms
  URL https://pytorch.org/docs/stable/optim.html#algorithms

3.6 | 에포크와 배치

훈련 데이터를 다룰 때 중요한 에포크와 배치의 개념에 관해 설명합니다.

3.6.1 에포크과 배치

훈련 데이터를 1회 모두 사용해 학습하는 것을 1 에포크Epoch로 셉니다. 1 에포크로 훈련 데이터를 중복 없이 전부 한 번 사용하게 됩니다.

훈련 데이터 샘플(입력과 정답의 쌍)은 여러 개를 그룹으로 묶어서 한 번의 학습에 사용합니다. 이 그룹을 배치Batch라 부릅니다. 한 번의 학습에는 순전파, 역전파, 매개변수 업데이트가 수행되며 이들은 배치별로 실행됩니다. 훈련 데이터는 1 에포크 단위로 무작위로 여러 배치로 분할됩니다.

훈련 데이터와 배치의 관계를 그림 3.7에 나타냈습니다.

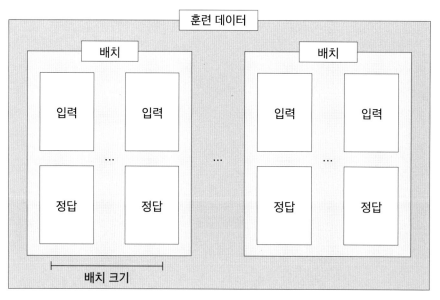

그림 3.7 훈련 데이터와 배치

배치에 포함된 샘플 수를 '배치 크기'라 부릅니다. 학습 시에는 배치 안의 모든 샘플을 한 번 사용해서 경사를 계산하고 매개변수를 업데이트합니다. 배치 크기는 하이퍼파라미터의 일종이며, 기본적으로 학습 중 항상 일정합니다.

배치 크기를 통해 학습 타입은 다음에 설명하는 3가지로 나눌 수 있습니다.

3.6.2 배치 학습

배치 학습에서는 훈련 데이터 전체를 하나의 배치로 합니다. 즉, 배치 크기는 모든 훈련 데이터의 샘플 수가 됩니다. 1 에포크마다 모든 훈련 데이터를 한 번에 사용해서 순전파, 역전파, 매개변수 업데이트를 수행하고 학습합니다. 매개변수는 1 에포크마다 업데이트됩니다.

일반적으로 배치 학습은 안정되어 있으며, 다른 2개의 학습 타입에 비해 속도가 빠르지만 국소적인 최적화에 빠지기 쉽다는 단점이 있습니다.

3.6.3 온라인 학습

온라인 학습에서는 배치 크기가 1이 됩니다. 즉, 샘플별로 순전파, 역전파, 매개변수 업데이트를 수행해고 학습합니다. 각 샘플별로 가중치와 편향이 업데이트됩니다.

각 샘플 데이터에 영향을 받기 때문에 안정성은 부족하지만, 반대로 국소적인 최적 해에 빠지기 어렵다는 장점이 있습니다.

이번 장에서 지금까지 설명한 경사를 구하는 방법은 온라인 학습의 것입니다. 경사를 배치 안에서 더하면 배치 학습이나 미니 배치 학습에도 적용할 수 있습니다.

3.6.4 미니 배치 학습

미니 배치 학습은 훈련 데이터를 작은 배치로 나누고, 이 작은 배치별로 학습을 수행합니다. 배치 학습보다 배치 크기가 작고, 배치는 보통 무작위로 선택되므로 배치 학습에 비해 국소적인 최적 해에 빠지기 어렵다는 장점이 있습니다.

그리고 온라인 학습보다 배치 크기가 크기 때문에 이상한 방향으로 학습이 진행될 리스크를 줄일 수 있습니다.

딥러닝에서 가장 일반적으로 수행하는 것이 이 미니 배치 학습입니다.

3.6.5 학습 예

훈련 데이터 샘플 수가 10,000개이라고 가정합시다. 이 샘플을 모두 사용하면 1 에포크가 됩니다.

배치 학습의 경우 배치 크기는 10,000이고, 1 에포크당 1번 매개변수가 업데이트됩니다.

온라인 학습의 경우 배치 크기는 1이고, 1 에포크당 10,000번 매개변수가 업데이트됩니다.

미니 배치 학습의 경우 배치 크기를 50이라고 설정하면, 1 에포크당 200번 매개변수가 업데이트됩니다.

미니 배치 학습에서 배치 크기가 학습 시간이나 성능에 적지 않은 영향을 미치는 것이 경험적으로 알려져 있습니다. 배치 크기의 최적화는 상당히 어려운 문제입니다.

3.7 | 간단한 딥러닝 구현

이번 장에서 설명한 내용을 바탕으로 파이토치를 사용해 간단한 딥러닝을 구현해봅시다.

여기에서는 딥러닝을 사용해 손으로 쓴 문자를 인식해봅니다. 학습에 시간이 걸리지 않도록 작은 데이터셋을 사용합니다.

3.7.1 손으로 쓴 문자 이미지 인식

사이킷런scikit-learn이라는 라이브러리에서 손으로 쓴 문자 이미지 데이터를 읽어서 표시합니다. 이미지 크기는 8x8(픽셀)이며, 흑백monochrome입니다(코드 3.24).

코드 3.24 손으로 쓴 문자 이미지

In

```
import matplotlib.pyplot as plt
from sklearn import datasets

digits_data = datasets.load_digits()


n_img = 10 # 표시할 이미지 수
plt.figure(figsize=(10, 4))
for i in range(n_img):
    ax = plt.subplot(2, 5, i+1)
    ax.imshow(digits_data.data[i].reshape(8, 8), cmap="Greys_r")
    ax.get_xaxis().set_visible(False) # 축을 표시하지 않음
    ax.get_yaxis().set_visible(False)

plt.show()

print("데이터 형태:", digits_data.data.shape)
print("라벨:", digits_data.target[:n_img])
```

Out

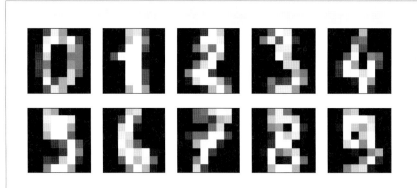

데이터 형태: (1797, 64)
라벨: [0 1 2 3 4 5 6 7 8 9]

8x8(픽셀)로 크기는 작지만 0부터 9까지 손으로 쓴 숫자 이미지가 표시되었습니다. 이런 손으로 쓴 숫자 이미지가 이 데이터셋에는 1,797장 포함되어 있습니다.

그리고 각 이미지는 쓰여진 숫자를 나타내는 라벨과 쌍으로 되어 있습니다. 여기에서는 이 라벨을 정답으로 사용합니다.

3.7.2 데이터를 훈련용과 테스트용으로 분할

사이킷런의 train_test_split을 사용해서 데이터를 훈련용과 테스트용으로 분할합니다. 훈련용 데이터를 사용해 신경망의 모델을 훈련하고, 테스트 데이터를 사용해 훈련한 모델을 검증합니다(코드 3.25).

코드 3.25 데이터를 훈련용과 테스트용으로 분할한다

In

```
import torch
from sklearn.model_selection import train_test_split

digit_images = digits_data.data
labels = digits_data.target
x_train, x_test, t_train, t_test = train_test_split(digit_images, labels) # 25%가 테스트용

# Tensor로 변환
```

```
x_train = torch.tensor(x_train, dtype=torch.float32) # 입력: 훈련용
t_train = torch.tensor(t_train, dtype=torch.int64) # 정답: 훈련용
x_test = torch.tensor(x_test, dtype=torch.float32) # 입력: 테스트용
t_test = torch.tensor(t_test, dtype=torch.int64) # 정답: 테스트용
```

입력과 정답은 파이토치에서는 DataLoader를 사용해 효율적으로 관리할 수 있습니다.

3.7.3 모델 구축

여기에서는 nn 모듈의 Sequential 클래스를 사용해 신경망 모델을 구축합니다. 초깃값으로 nn에 정의되어 있는 층을 입력에 가까운 층에서 순서대로 배열합니다.

nn.Linear( )는 뉴런이 인접한 층의 모든 뉴런과 연결하는 전결합층으로 다음과 같이 기술합니다.

```
nn.Linear(층으로의 입력 수, 층의 뉴런 수)
```

그리고 nn에서는 활성화 함수를 층과 같이 다룰 수 있습니다. nn.ReLU( )를 배치해서 활성화 함수 ReLU를 사용한 처리를 수행합니다.

코드 3.26은 nn.Sequential 클래스를 사용해 모델을 구축하는 코드입니다. 구축한 모델의 내용은 print( )로 확인할 수 있습니다.

코드 3.26 모델 구축
In

```
from torch import nn

net = nn.Sequential(
    nn.Linear(64, 32), # 전결합층
    nn.ReLU(), # ReLU
    nn.Linear(32, 16),
    nn.ReLU(),
    nn.Linear(16, 10)
)
print(net)
```

```
Sequential(
  (0): Linear(in_features=64, out_features=32, bias=True)
  (1): ReLU()
  (2): Linear(in_features=32, out_features=16, bias=True)
  (3): ReLU()
  (4): Linear(in_features=16, out_features=10, bias=True)
)
```

3개의 전결합층 사이에 활성화 함수 ReLU가 삽입되어 있습니다. 가장 마지막 출력층의 뉴런 수는 10입니다. 이것은 분류하는 숫자가 0~9이므로 10 클래스 분류로 하기 위한 것입니다.

3.7.4 학습

매개변수를 여러 차례 반복 조정해 오차를 최소화합니다. 여기에서는 손실 함수에 nn.CrossEntropyLoss( )(소프트맥스 함수 + 교차 엔트로피 오차), 최적화 알고리즘에 SGD를 설정합니다.

여기에서는 훈련 데이터를 한 번에 사용해 학습하므로 앞 절에서 설명한 배치 학습을 수행하게 됩니다.

순전파는 훈련 데이터, 테스트 데이터 모두에서 수행해 오차를 계산합니다. 역전파는 훈련 데이터에서만 수행합니다(코드 3.27).

코드 3.27 모델 훈련
In

```
from torch import optim

# 소프트맥스 함수 + 교차 엔트로피 오차 함수
loss_fnc = nn.CrossEntropyLoss()

# SGD 모델의 매개변수를 전달한다
optimizer = optim.SGD(net.parameters(), lr=0.01) # 학습률은 0.01

# 손실 로그
record_loss_train = []
```

```python
record_loss_test = []

# 훈련 데이터를 1,000번 사용한다
for i in range(1000):

    # 매개변수의 경사를 0으로
    optimizer.zero_grad()

    # 순전파
    y_train = net(x_train)
    y_test = net(x_test)

    # 오차를 구해서 기록한다
    loss_train = loss_fnc(y_train, t_train)
    loss_test = loss_fnc(y_test, t_test)
    record_loss_train.append(loss_train.item())
    record_loss_test.append(loss_test.item())

    # 역전파(경사를 계산)
    loss_train.backward()

    # 매개변수 업데이트
    optimizer.step()

    if i%100 == 0: # 100번당 경과를 표시
        print("Epoch:", i, "Loss_Train:", loss_train.item(), "Loss_Test:", loss_test.item())
```

Out

```
Epoch: 0 Loss_Train: 2.534149646759033 Loss_Test: 2.556309223175049
Epoch: 100 Loss_Train: 1.17532908916473399 Loss_Test: 1.2180031538009644
Epoch: 200 Loss_Train: 0.49746909737586975 Loss_Test: 0.5735037326812744
Epoch: 300 Loss_Train: 0.298872709274292 Loss_Test: 0.36660537123680115
Epoch: 400 Loss_Train: 0.21660597622394562 Loss_Test: 0.27355384826660156
Epoch: 500 Loss_Train: 0.17001067101955414 Loss_Test: 0.219261035323143
Epoch: 600 Loss_Train: 0.13987746834754944 Loss_Test: 0.18468143045902252
Epoch: 700 Loss_Train: 0.118738062679767761 Loss_Test: 0.16138221323490143
```

```
Epoch: 800 Loss_Train: 0.10301601886749268 Loss_Test: 0.1444975733757019
Epoch: 900 Loss_Train: 0.09081365913152695 Loss_Test: 0.13180334866046906
```

코드 3.27의 다음 위치에서는 역전파 처리를 수행합니다.

```
y_train = net(x_train)
y_test = net(x_test)
```

이렇게 파이토치에서는 모델의 함수명(여기에서는 net) 오른쪽의 괄호에 입력을 전달함으로써 순전파 계산을 수행할 수 있습니다.

다음 위치에서는 역전파 처리를 수행합니다.

```
loss_train.backward()
```

오차(여기에서는 loss_train)의 backward( ) 메서드를 사용해 역전파를 수행하고, 모든 매개변수의 경사를 계산합니다.

그리고 다음 위치에서 최적화 알고리즘에 기반해 모든 매개변수를 업데이트합니다.

```
optimizer.step()
```

순전파, 역전파, 매개변수 업데이트를 반복함으로써 모델은 점점 적절한 출력을 반환하도록 훈련됩니다.

3.7.5 오차 추이

오차 추이를 확인합니다. 훈련 데이터, 테스트 데이터의 기록을 matplotlib을 사용해 그래프를 표시합니다(코드 3.28).

코드 3.28 오차 추이
In

```
plt.plot(range(len(record_loss_train)), record_loss_train, label="Train")
plt.plot(range(len(record_loss_test)), record_loss_test, label="Test")
plt.legend()
```

```
plt.xlabel("Epochs")
plt.ylabel("Error")
plt.show()
```

Out

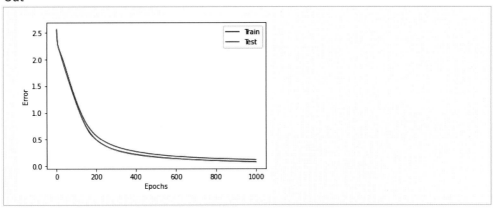

훈련 데이터, 테스트 데이터 모두 오차가 원만하게 감소하는 형태를 확인할 수 있습니다.

3.7.6 정답률

모델 성능을 파악하기 위해 테스트 데이터를 사용해 정답률을 측정합니다(코드 3.29).

코드 3.29 정답률 계산
In

```
y_test = net(x_test)
count = (y_test.argmax(1) == t_test).sum().item()
print("정답률:", str(count/len(y_test)*100) + "%")
```

Out

```
정답률: 96.88888888888889%
```

96% 이상의 높은 정답률을 나타냅니다.

3.7.7 훈련 완료 모델을 사용한 예측

훈련 완료 모델을 사용해봅시다. 손으로 쓴 문자 이미지를 입력하고 모델이 동작하는 것을 확인합니다(코드 3.30).

코드 3.30 훈련 완료 모델을 사용한 예측

In

```
# 입력 이미지
img_id = 0
x_pred = digit_images[img_id]
image = x_pred.reshape(8, 8)
plt.imshow(image, cmap="Greys_r")
plt.show()


x_pred = torch.tensor(x_pred, dtype=torch.float32)
y_pred = net(x_pred)
print("정답:", labels[img_id], "예측 결과:", y_pred.argmax().item())
```

Out

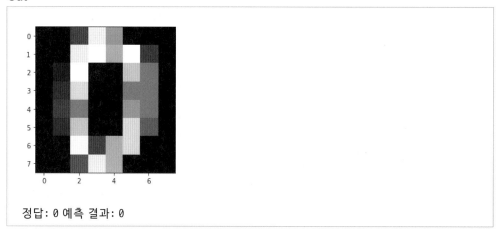

정답: 0 예측 결과: 0

훈련 완료 모델은 입력 이미지를 올바르게 분류할 수 있습니다.

이런 훈련 완료 모델은 별도로 저장해 웹 애플리케이션이나 모바일 애플리케이션 등에서 활용할 수 있습니다.

3.8 | 연습

3장의 연습입니다.

파이토치를 사용해 모델을 구축하고, 최적화 알고리즘을 설정합시다.

3.8.1 데이터를 훈련용과 테스트용으로 분할

리스트 데이터를 훈련용과 테스트용으로 분할합니다.

In

```
import torch
from sklearn import datasets
from sklearn.model_selection import train_test_split


digits_data = datasets.load_digits()


digit_images = digits_data.data
labels = digits_data.target
x_train, x_test, t_train, t_test = train_test_split(digit_images, labels)  # 25%가 테
스트용


# Tensor로 변환
x_train = torch.tensor(x_train, dtype=torch.float32)
t_train = torch.tensor(t_train, dtype=torch.int64)
x_test = torch.tensor(x_test, dtype=torch.float32)
t_test = torch.tensor(t_test, dtype=torch.int64)
```

3.8.2 모델 구축

nn 모듈의 Sequential 클래스를 사용해 print(net)에서 다음과 같이 표시되는 모델을 구축합시다.

```
Sequential(
  (0): Linear(in_features=64, out_features=128, bias=True)
  (1): ReLU()
  (2): Linear(in_features=128, out_features=64, bias=True)
  (3): ReLU()
  (4): Linear(in_features=64, out_features=10, bias=True)
)
```

코드 3.32 모델 구축

In

```
from torch import nn

net = nn.Sequential(
    # ------- 여기부터 코드를 입력 -------




    # ------- 여기까지 -------
)
print(net)
```

3.8.3 학습

모델을 훈련합니다. 최적화 알고리즘을 설정합시다. 최적화 알고리즘은 다음 페이지에서 선호하는 것을 선택합니다.

- 파이토치 | TORCH.OPTIM
  URL https://pytorch.org/docs/stable/optim.html

코드 3.33 모델 훈련

In

```
from torch import optim

# 교차 엔트로피 오차 함수
loss_fnc = nn.CrossEntropyLoss()

# 최적화 알고리즘
optimizer = # ← 여기에 코드를 입력

# 손실 로그
record_loss_train = []
record_loss_test = []

# 1,000 에포크 학습
for i in range(1000):

    # 경사를 0으로
    optimizer.zero_grad()

    # 순전파
    y_train = net(x_train)
    y_test = net(x_test)

    # 오차를 구한다
    loss_train = loss_fnc(y_train, t_train)
    loss_test = loss_fnc(y_test, t_test)
    record_loss_train.append(loss_train.item())
    record_loss_test.append(loss_test.item())

    # 역전파
    loss_train.backward()

    # 매개변수 업데이트
    optimizer.step()
```

```
    if i%100 == 0:
        print("Epoch:", i, "Loss_Train:", loss_train.item(), "Loss_Test:", loss_test.
item())
```

3.8.4 오차 추이

코드 3.34 오차 추이

In

```
import matplotlib.pyplot as plt

plt.plot(range(len(record_loss_train)), record_loss_train, label="Train")
plt.plot(range(len(record_loss_test)), record_loss_test, label="Test")
plt.legend()

plt.xlabel("Epochs")
plt.ylabel("Error")
plt.show()
```

3.8.5 정답률

코드 3.35 정답률 계산

In

```
y_test = net(x_test)
count = (y_test.argmax(1) == t_test).sum().item()
print("정답률:", str(count/len(y_test)*100) + "%")
```

3.8.6 해답 예

다음은 해답 예입니다.

모델 구축

코드 3.36 해답 예: 모델 구축

In

```python
from torch import nn

net = nn.Sequential(
    # ------- 여기부터 코드 입력 -------
    nn.Linear(64, 128),
    nn.ReLU(),
    nn.Linear(128, 64),
    nn.ReLU(),
    nn.Linear(64, 10)
    # ------- 여기까지 -------
)
print(net)
```

학습

코드 3.37 해답 예: 모델 훈련

In

```python
from torch import optim

# 교차 엔트로피 오차 함수
loss_fnc = nn.CrossEntropyLoss()

# 최적화 알고리즘
optimizer = optim.Adam(net.parameters()) # 여기에 코드를 입력

# 손실 로그
record_loss_train = []
record_loss_test = []

# 1,000 에포크 학습
for i in range(1000):
```

```python
    # 경사를 0으로
    optimizer.zero_grad()

    # 순전파
    y_train = net(x_train)
    y_test = net(x_test)

    # 오차를 구한다
    loss_train = loss_fnc(y_train, t_train)
    loss_test = loss_fnc(y_test, t_test)
    record_loss_train.append(loss_train.item())
    record_loss_test.append(loss_test.item())

    # 역전파(경사를 구한다)
    loss_train.backward()

    # 매개변수 업데이트
    optimizer.step()

    if i%100 == 0:
        print("Epoch:", i, "Loss_Train:", loss_train.item(), "Loss_Test:", loss_test.
item())
```

3.9 | 정리

이번 장에서는 텐서, 활성화 함수, 손실 함수, 최적화 알고리즘을 학습한 뒤, 실제로 파이토치를 사용해 간단한 딥러닝을 구현했습니다. 구축하고 훈련한 신경망 모델이 동작하는 것을 확인할 수 있었을 것입니다.

이후 장에서는 여기까지의 내용을 바탕으로 BERT를 구현합니다.

CHAPTER

4

간단한 BERT 구현

이번 장에서는 라이브러리인 Transformers를 사용해 간단한 BERT를 구현합니다. 이번 장에서는 다음 내용을 다룹니다.

○ Transformers 개요   ○ 간단한 BERT 구현

○ Transformers 기초   ○ 연습

이번 장에서는 라이브러리 Transformers의 개요 설명에서 시작해, Transformers를 사용한 BERT 구현을 구글 코랩에서 기초부터 설명합니다.

이를 바탕으로 BERT 모델을 사용해 간단한 태스크를 진행해봅니다. 문장 안에 누락된 언어의 예측, 및 2개의 문장이 연속되어 있는지 등을 판정합니다. 마지막으로 이번 장의 연습을 풀어봅니다.

4.1 | Transformers 개요

BERT 구현에 사용하는 라이브러리인 Transformers의 개요에 관해 설명합니다.

4.1.1 Transformers란?

여기에서는 이 책에서 사용하는 Transformers라는 자연어 처리 라이브러리에 관해 설명합니다. 이것은 미국의 허깅 페이스^{Hugging Face}에서 제공합니다. 예를 들어 분류, 정보 추출, 질문 답변, 요약, 번역, 또는 텍스트 생성 등의 다양한 자연어 처리를 위한 사전 학습 모델이 100개 이상의 언어로 제공됩니다.

Transformers의 또다른 하나의 특징은 최첨단의 자연어 처리 기술을 간단하게 사용할 수 있다는 점입니다. 이 책에서는 BERT를 다루지만 Transformers에서는 BERT도 사용할 수 있습니다.

Transformers는 프레임워크인 파이토치와 텐서플로 모두에서 사용할 수 있습니다. 이 책에서는 파이토치를 사용합니다.

Transformers에 관해서는 다음 허깅 페이스의 공식 사이트에서 자세한 설명을 제공합니다.

• Hugging Face | Transformers

   URL https://huggingface.co/docs/transformers/index

이 사이트에서는 Transformers를 사용해 무엇을 할 수 있는지 자세히 설명하고 있습니다. 그리고 최첨단의 자연어 처리 모델 사용 방법을 설명합니다. BERT 외에 ALBERT, MobileBERT, GPT 시리즈 등도 있습니다. Transformers는 이런 다양하고 새로운 알고리즘을 가볍게 시도해볼 수 있는 매우 편리한 라이브러리입니다.

이 책에서는 이후 Transformers 라이브러리를 중심으로 BERT 구현에 관해 설명합니다.

4.1.2 Transformers를 구성하는 클래스

그럼 여기에서 Transformers를 구성하는 대표적인 파이썬 클래스에 관해 소개합니다.

- model 클래스: 모델의 사전 학습 완료 매개변수를 다루는 클래스입니다.
- configuration 클래스: 하이퍼파라미터 등 모델 설정을 수행하기 위한 클래스입니다. 중간층의 뉴런 수나 층의 설정 등을 수행합니다.
- tokenizer 클래스: 어휘 저장, 형태소 분석(문장을 단어로 분할하기 등) 등에 관련된 클래스입니다. 자연어 처리에서는 여러 단어를 다루지만, 문장을 단어로 분할하거나 그 단어의 저장은 이 클래스를 사용해서 수행합니다.

4.1.3 BERT 모델

Transformers 안에서 BERT 모델에 관련된 클래스는 다음과 같습니다.

- BertForPreTraining

↓ 상속

- BertModel
- BertForMaskedLM
- BertForNextSentencePrediction
- BertForSequenceClassification
- BertForMultipleChoice
- BertForTokenClassification
- BertForQuestionAnswering

베이스 클래스에 BertForPreTraining이 있습니다. PreTraining이라는 이름에서 알 수 있듯, 사전 학습 완료 모델을 다루는 클래스로, 이 클래스를 여러 클래스가 상속합니다.

먼저 BertModel입니다. 이것은 특정 태스크에 특화되지 않은 범용적인 BERT 모델입니다.

BertForMaskedLM은 문서 안의 단어 중 일부에 마스크를 씌워, 그것을 예측하는 태스크에 대응한 모델입니다.

BertForNextSentencePrediction은 어떤 문장 다음에 오는 문장이 적절한지를 판단하는 태스크를 다루는 클래스입니다.

BertForNextSentencePrediction과 BertForMultipleChoice는 문장 분류 태스크를 다루며, BertForTokenClassification은 단어 분류를 다룹니다.

그리고 BertForQuestionAnswering은 질문과 대답의 쌍을 다루는 모델입니다.

BERT의 각 모델의 상세한 정보는 Transformers의 공식 사이트에 게재되어 있으므로, 흥미가 있는 분은 꼭 읽어보십시오.

· BERT

　URL https://huggingface.co/transformers/model_doc/bert.html

4.2 | Transformers 기초

이 절에서는 BERT 구현에 앞서 자연어 처리 라이브러리인 Transformers의 기초적인 코드를 확인해봅니다.

다운로드한 파일 안에서, 이번 절에 대응하는 노트북을 열고, 코드를 실행하면서 학습합시다.

Transformers는 다음 기본 클래스를 중심으로 구성됩니다.

○ BertModel   ○ BertConfig   ○ BertTokenizer

이번 절에서는 이 클래스들에 주목해 BERT의 구성에 관해 살펴봅니다.

4.2.1 라이브러리 설치

먼저 Transformers 버전을 지정하고 설치합니다(코드 4.1).

코드 4.1 Transformers 설치

In

```
!pip install transformers==4.26.0
```

Out

```
Looking in indexes: https://pypi.org/simple, https://us-python.pkg.dev/colab-
wheels/public/simple/
Collecting transformers==4.26.0
 Downloading transformers-4.26.0-py3-none-any.whl (6.3 MB)
━━━━━━━━━━━━━━━━━━━━━━━━━━ 6.3/6.3 MB 30.5 MB/s eta 0:00:00
Collecting huggingface-hub<1.0,>=0.11.0
 Downloading huggingface_hub-0.12.0-py3-none-any.whl (190 kB)
━━━━━━━━━━━━━━━━━━━━━━━━━━ 190.3/190.3 KB 12.3 MB/s eta 0:00:00
Requirement already satisfied: packaging>=20.0 in /usr/local/lib/python3.8/dist-
packages (from transformers==4.26.0) (21.3)
```

```
Requirement already satisfied: pyyaml>=5.1 in /usr/local/lib/python3.8/dist-
packages (from transformers==4.26.0) (6.0)
Collecting tokenizers!=0.11.3,<0.14,>=0.11.1
  Downloading tokenizers-0.13.2-cp38-cp38-manylinux_2_17_x86_64.manylinux2014_
x86_64.whl (7.6 MB)
━━━━━━━━━━━━━━━━━━━━━━━━━━━━ 7.6/7.6 MB 62.7 MB/s eta 0:00:00
Requirement already satisfied: tqdm>=4.27 in /usr/local/lib/python3.8/dist-
packages (from transformers==4.26.0) (4.64.1)
Requirement already satisfied: filelock in /usr/local/lib/python3.8/dist-packages
(from transformers==4.26.0) (3.9.0)
Requirement already satisfied: regex!=2019.12.17 in /usr/local/lib/python3.8/dist-
packages (from transformers==4.26.0) (2022.6.2)
Requirement already satisfied: requests in /usr/local/lib/python3.8/dist-packages
(from transformers==4.26.0) (2.25.1)
Requirement already satisfied: numpy>=1.17 in /usr/local/lib/python3.8/dist-
packages (from transformers==4.26.0) (1.21.6)
Requirement already satisfied: typing-extensions>=3.7.4.3 in /usr/local/lib/
python3.8/dist-packages (from huggingface-hub<1.0,>=0.11.0->transformers==4.26.0)
(4.4.0)
Requirement already satisfied: pyparsing!=3.0.5,>=2.0.2 in /usr/local/lib/
python3.8/dist-packages (from packaging>=20.0->transformers==4.26.0) (3.0.9)
Requirement already satisfied: idna<3,>=2.5 in /usr/local/lib/python3.8/dist-
packages (from requests->transformers==4.26.0) (2.10)
Requirement already satisfied: chardet<5,>=3.0.2 in /usr/local/lib/python3.8/dist-
packages (from requests->transformers==4.26.0) (4.0.0)
Requirement already satisfied: urllib3<1.27,>=1.21.1 in /usr/local/lib/python3.8/
dist-packages (from requests->transformers==4.26.0) (1.24.3)
Requirement already satisfied: certifi>=2017.4.17 in /usr/local/lib/python3.8/
dist-packages (from requests->transformers==4.26.0) (2022.12.7)
Installing collected packages: tokenizers, huggingface-hub, transformers
Successfully installed huggingface-hub-0.12.0 tokenizers-0.13.2
transformers-4.26.0
```

4.2.2 Transformers 모델: 문장의 일부를 마스크

Transformers에서는 다양한 훈련 완료 모델을 다루는 클래스를 제공합니다.

여기에서는 문장의 일부를 마스크^{Mask}하는 문제를 다루며, BertForMaskedLM 모델을 읽어서 그 구성을 표시합니다.

- BertForMaskedLM

  URL https://huggingface.co/docs/transformers/v4.26.0/en/model_doc/
  bert#transformers.BertForMaskedLM

코드 4.2에서는 먼저 Transformers에서 BertForMaskedLM을 임포트합니다. 그리고 이 BertForMaskedLM의 클래스 메서드인 form_pretrained( )를 사용해 bert-base-uncased를 지정해 훈련 완료 매개변수를 불러옵니다.

BERT의 모델에는 base와 large가 있습니다. 여기에서는 크기가 작은 base를 사용합니다. uncased란 모두 소문자라는 의미로, 모두 소문자로 훈련한 모델을 여기에서 불러옵니다.

다음 코드를 실행하면 모델 다운로드를 시작합니다. 다운로드 완료 후 불러온 모델을 표시합니다.

코드 4.2 BertForMaskedLM 불러오기
In

```
from transformers import BertForMaskedLM


msk_model = BertForMaskedLM.from_pretrained("bert-base-uncased") # 훈련 완료 매개변수 불러오기
print(msk_model)
```

Out

```
Downloading (…)lve/main/config.json: 100% 570/570 [00:00<00:00, 7.51kB/s]
Downloading (…)"pytorch_model.bin";: 100% 440M/440M [00:04<00:00, 47.1MB/s]
Some weights of the model checkpoint at bert-base-uncased were not used when
initializing BertForMaskedLM: ['cls.seq_relationship.bias', 'cls.seq_
relationship.weight']
- This IS expected if you are initializing BertForMaskedLM from the checkpoint of
a model trained on another task or with another architecture (e.g. initializing a
BertForSequenceClassification model from a BertForPreTraining model).
```

- This IS NOT expected if you are initializing BertForMaskedLM from the checkpoint of a model that you expect to be exactly identical (initializing a BertForSequenceClassification model from a BertForSequenceClassification model).

```
BertForMaskedLM(
  (bert): BertModel(
    (embeddings): BertEmbeddings(
      (word_embeddings): Embedding(30522, 768, padding_idx=0)
      (position_embeddings): Embedding(512, 768)
      (token_type_embeddings): Embedding(2, 768)
      (LayerNorm): LayerNorm((768,), eps=1e-12, elementwise_affine=True)
      (dropout): Dropout(p=0.1, inplace=False)
    )
    (encoder): BertEncoder(
      (layer): ModuleList(
        (0-11): 12 x BertLayer(
          (attention): BertAttention(
            (self): BertSelfAttention(
              (query): Linear(in_features=768, out_features=768, bias=True)
              (key): Linear(in_features=768, out_features=768, bias=True)
              (value): Linear(in_features=768, out_features=768, bias=True)
              (dropout): Dropout(p=0.1, inplace=False)
            )
            (output): BertSelfOutput(
              (dense): Linear(in_features=768, out_features=768, bias=True)
              (LayerNorm): LayerNorm((768,), eps=1e-12, elementwise_affine=True)
              (dropout): Dropout(p=0.1, inplace=False)
            )
          )
          (intermediate): BertIntermediate(
            (dense): Linear(in_features=768, out_features=3072, bias=True)
            (intermediate_act_fn): GELUActivation()
          )
          (output): BertOutput(
            (dense): Linear(in_features=3072, out_features=768, bias=True)
            (LayerNorm): LayerNorm((768,), eps=1e-12, elementwise_affine=True)
            (dropout): Dropout(p=0.1, inplace=False)
```

```
          )
        )
      )
    )
  )
  (cls): BertOnlyMLMHead(
    (predictions): BertLMPredictionHead(
      (transform): BertPredictionHeadTransform(
        (dense): Linear(in_features=768, out_features=768, bias=True)
        (transform_act_fn): GELUActivation()
        (LayerNorm): LayerNorm((768,), eps=1e-12, elementwise_affine=True)
      )
      (decoder): Linear(in_features=768, out_features=30522, bias=True)
    )
  )
)
```

그럼 모델 구성을 살펴봅니다.

BertForMaksedLM 클래스에는 입력의 특징을 추출하는 BertModel과 분류를 수행하는 BertOnlyMLMHead가 포함되어 있습니다.

```
BertForMaskedLM(
  (bert): BertModel(
  ...
  )
  (cls): BertOnlyMLMHead(
  ...
  )
)
```

BertModel에는 단어를 삽입 벡터(분산 표현)로 변환하는 BertEmbeddings와 BERT의 인코더에 해당하는 BertEncoder가 포함됩니다.

```
(bert): BertModel(
  (embeddings): BertEmbeddings(
```

```
      ...
  )
  (encoder): BertEncoder(
    ...
  )
```

인코더로 입력의 특징을 추출합니다. 이 안에는 전부 12개의 `BertLayer`가 있습니다. 각 레이어 (층)에 0부터 11까지의 번호가 붙어 있습니다.

```
  (encoder): BertEncoder(
    (layer): ModuleList(
      (0-11): 12 x BertLayer(
        ...
      )
    )
  )
```

각 `BertLayer` 안에는 `BertAttention`과 `BertIntermediate`, `BertOutput`이 있습니다. `BertAttention`에서 특징량을 추출하고, `BertIntermediate`에서 각 특징량을 부풀려서 `BertOutput`에서 최종적으로 형태를 정리합니다. 자세한 내용은 5장에서 설명합니다.

마지막으로 분류를 수행하는 `BertOnlyMLMHead` 부분이 있습니다. 여기는 이 태스크에 특화된 부분입니다. 이 층보다 위쪽 층은 모든 태스크에서 공통입니다.

```
  (cls): BertOnlyMLMHead(
    (predictions): BertLMPredictionHead(
      (transform): BertPredictionHeadTransform(
        (dense): Linear(in_features=768, out_features=768, bias=True)
        (transform_act_fn): GELUActivation()
        (LayerNorm): LayerNorm((768,), eps=1e-12, elementwise_affine=True)
      )
      (decoder): Linear(in_features=768, out_features=30522, bias=True)
    )
  )
```

BertOnlyMLMHead는 전결합층인 dense와 활성화 함수인 GELUActivation, 데이터 쏠림을 방지하기 위한 LayerNorm으로 구성됩니다.

마지막의 전결합 출력에서는 out_features가 30522로 되어 있습니다. 이것은 이 모델에서 다루는 단어의 수입니다. 최종적으로 단어의 수인 30522개 클래스로 분류하는 문제를 다룰 수 있음을 알 수 있습니다.

4.2.3 Transformers 모델: 문장 분류

그럼 다른 문제를 다루는 모델을 살펴봅시다.

문장을 분류하는 문제에서는 BertForSequneceClassification 모델을 불러와서 그 구성을 표시합니다.

- BertForSequenceClassification
  URL https://huggingface.co/docs/transformers/v4.26.0/en/model_doc/
  bert#transformers.BertForSequenceClassification

코드 4.3에서는 먼저 Transformers로부터 BertForSequenceClassification을 임포트합니다. 그리고 이 BertForSequenceClassification의 클래스 메서드인 from_pretrained( )를 사용해 bert-base-uncased를 지정해서 훈련 완료 매개변수를 불러옵니다.

코드 4.3을 실행하면 모델 다운로드를 시작합니다. 다운로드 완료 후 불러온 모델을 표시합니다.

코드 4.3 BertForSequenceClassification 불러오기
In

```
from transformers import BertForSequenceClassification

sc_model = BertForSequenceClassification.from_pretrained("bert-base-uncased") # 훈
련 완료 매개변수 불러오기
print(sc_model)
```

Out

```
Some weights of the model checkpoint at bert-base-uncased were not used when
initializing BertForSequenceClassification: ['cls.predictions.decoder.weight',
'cls.seq_relationship.weight', 'cls.predictions.transform.dense.weight', 'cls.
predictions.transform.dense.bias', 'cls.predictions.transform.LayerNorm.bias',
```

'cls.predictions.bias', 'cls.predictions.transform.LayerNorm.weight', 'cls.seq_relationship.bias']
- This IS expected if you are initializing BertForSequenceClassification from the checkpoint of a model trained on another task or with another architecture (e.g. initializing a BertForSequenceClassification model from a BertForPreTraining model).
- This IS NOT expected if you are initializing BertForSequenceClassification from the checkpoint of a model that you expect to be exactly identical (initializing a BertForSequenceClassification model from a BertForSequenceClassification model).
Some weights of BertForSequenceClassification were not initialized from the model checkpoint at bert-base-uncased and are newly initialized: ['classifier.bias', 'classifier.weight']
You should probably TRAIN this model on a down-stream task to be able to use it for predictions and inference.

```
BertForSequenceClassification(
  (bert): BertModel(
    (embeddings): BertEmbeddings(
      (word_embeddings): Embedding(30522, 768, padding_idx=0)
      (position_embeddings): Embedding(512, 768)
      (token_type_embeddings): Embedding(2, 768)
      (LayerNorm): LayerNorm((768,), eps=1e-12, elementwise_affine=True)
      (dropout): Dropout(p=0.1, inplace=False)
    )
    (encoder): BertEncoder(
      (layer): ModuleList(
        (0-11): 12 x BertLayer(
          (attention): BertAttention(
            (self): BertSelfAttention(
              (query): Linear(in_features=768, out_features=768, bias=True)
              (key): Linear(in_features=768, out_features=768, bias=True)
              (value): Linear(in_features=768, out_features=768, bias=True)
              (dropout): Dropout(p=0.1, inplace=False)
            )
            (output): BertSelfOutput(
              (dense): Linear(in_features=768, out_features=768, bias=True)
              (LayerNorm): LayerNorm((768,), eps=1e-12, elementwise_affine=True)
```

```
      (dropout): Dropout(p=0.1, inplace=False)
      )
     )
     (intermediate): BertIntermediate(
      (dense): Linear(in_features=768, out_features=3072, bias=True)
      (intermediate_act_fn): GELUActivation()
     )

     (output): BertOutput(
      (dense): Linear(in_features=3072, out_features=768, bias=True)
      (LayerNorm): LayerNorm((768,), eps=1e-12, elementwise_affine=True)
      (dropout): Dropout(p=0.1, inplace=False)
     )
    )
   )
  )
  (pooler): BertPooler(
   (dense): Linear(in_features=768, out_features=768, bias=True)
   (activation): Tanh()
  )
 )
 (dropout): Dropout(p=0.1, inplace=False)
 (classifier): Linear(in_features=768, out_features=2, bias=True)
)
```

여기에서는 BERT 기반 부분은 이미 불러오기를 완료했기 때문에 처리가 빠르게 완료됩니다.

기반이 되는 BertModel 뒤에 뉴런을 무작위로 비활성화해서 완강한 학습을 가능하게 하는 Dropout, 전결합층 Linear가 배열되어 있습니다.

```
BertForSequenceClassification(
  (bert): BertModel(
   ...
  )
  (dropout): Dropout(...
  (classifier): Linear(...
```

```
    )
```

BertModel은 앞에서와 마찬가지로 BertEmbeddigs와 BertEncoder를 가지며, BertEncoder에서는 12개의 BertLayer를 통해 입력 특징을 추출합니다.

그리고 여기에서는 출력층인 out_features가 2이므로, 문장을 2개 클래스로 분류하는 문제임을 알 수 있습니다.

이렇게 BERT는 다양한 태스크에 유연하게 대응할 수 있도록 만들어져 있습니다. 여기에서는 대략적인 설명만 했습니다. 보다 자세한 설명은 5장을 참조합니다.

4.2.4 PreTrainedModel 상속

이제까지 설명한 BertForMaskedLM과 BertForSequenceClassification은 기반이 되는 모델, PreTrainedModel을 상속하고 있습니다.

• PreTrainedModel

   URL https://huggingface.co/docs/transformers/v4.26.0/en/main_classes/
       model#transformers.PreTrainedModel

그리고 PreTrainedModel은 nn.Moduel 클래스를 상속합니다. 이것은 파이토치 모델에서 일반적으로 상속하는 클래스입니다. 따라서 BertForMaskedLM, BertForSequenceClassification 등은 파이토치의 일반 모델로서 사용할 수 있습니다. 한 번만 설정해 두면, 나중에 동일하게 다룰 수 있습니다.

4.2.5 BERT 설정

다음은 BERT의 설정에 관해 설명합니다. BertConfig 클래스를 사용해 모델을 설정할 수 있습니다.

코드 4.4에서는 Transformers로부터 BertConfig를 임포트합니다. 여기에서도 from_pretrained( )를 사용해 bert-base-uncased를 지정해 BERT 설정을 가져와서 표시합니다.

실행하면 셀 아래 BERT의 각 설정이 표시됩니다.

코드 4.4 BertConfig 가져오기

In

```python
from transformers import BertConfig

config = BertConfig.from_pretrained("bert-base-uncased")
print(config)
```

Out

```
BertConfig {
  "architectures": [
    "BertForMaskedLM"
  ],
  "attention_probs_dropout_prob": 0.1,
  "classifier_dropout": null,
  "gradient_checkpointing": false,
  "hidden_act": "gelu",
  "hidden_dropout_prob": 0.1,
  "hidden_size": 768,
  "initializer_range": 0.02,
  "intermediate_size": 3072,
  "layer_norm_eps": 1e-12,
  "max_position_embeddings": 512,
  "model_type": "bert",
  "num_attention_heads": 12,
  "num_hidden_layers": 12,
  "pad_token_id": 0,
  "position_embedding_type": "absolute",
  "transformers_version": "4.26.0",
  "type_vocab_size": 2,
  "use_cache": true,
  "vocab_size": 30522
}
```

예를 들어 은닉층Hidden Layer의 뉴런의 수 hidden_size는 768로 설정되어 있습니다. 그리고 단어의 수 vocab_size는 30522로 설정되어 있습니다. 이렇게 다양한 설정이 되어 있는 것을 확인할 수 있습니다.

그 밖에 다양한 설정값이 있습니다. 지금 단계에서는 이런 클래스가 있다는 것 정도만 파악해 두어도 충분합니다. 각 설정값에 관해 자세히 알고 싶은 분은 공식 문서를 꼭 읽어 보십시오.

- BertConfig

  URL https://huggingface.co/docs/transformers/v4.26.0/en/model_doc/
    bert#transformers.BertConfig

4.2.6 토크나이저

마지막으로 토크나이저입니다. BertTokenizer 클래스를 사용해 훈련 완료 데이터에 기반한 형 태소 분석을 수행할 수 있습니다.

코드 4.5는 먼저 Transformers로부터 BertTokenizer를 임포트합니다. 그리고 from_ pretrained() 함수를 사용해 bert-base-uncased를 지정해서 Tokenizer를 불러옵니다.

코드 4.5 BertTokenizer 불러오기

In

```
from transformers import BertTokenizer

tokenizer = BertTokenizer.from_pretrained("bert-base-uncased")
```

Out

```
Downloading (...)solve/main/vocab.txt: 100% 232k/232k [00:00<00:00, 1.79MB/s]
Downloading (...)Tokenizer_config.json: 100% 28.0/28.0 [00:00<00:00, 1.33MB/s]
```

이 Tokenizer를 사용해봅시다. 코드 4.6에서는 변수 text에 적당한 문장을 넣었습니다. 이 문 장에 대해 Tokenizer를 활용해 형태소 분석을 수행합니다.

실행하면 셀 아래 결과가 표시됩니다.

코드 4.6 문장을 단어별로 분할한다

In

```
text = "I have a pen. I have an apple."

words = tokenizer.tokenize(text)
```

```
print(words)
```

```
['i', 'have', 'a', 'pen', '.', 'i', 'have', 'an', 'apple', '.']
```

문장이 단어별로 분할되는 것을 확인할 수 있습니다. 여기에서는 영어 문장을 단어로 분할했습니다. 일본어(한국어)에 대응하는 Tokenizer를 사용하면 일본어(한국어) 문장을 단어별로 분할할 수도 있습니다.

이번 절에서는 BERT를 구성하는 Model 클래스, Configuration 클래스, Tokenizer 클래스에 관해 설명했습니다. 다음은 이 3개 클래스를 사용해 간단한 BERT를 구현합니다.

4.3 | 간단한 BERT 구현

이번 절에서는 BERT를 최소한의 코드로 간단하게 구현합니다. 훈련 완료 모델을 사용해 다음 2가지 태스크를 수행합니다.

○ 누락된 단어 예측: BertForMaskedLM

○ 2개의 문장이 자연스럽게 이어지는지 판정:
BertForNextSentencePrediction

4.3.1 라이브러리 설치

이전 절과 마찬가지로 먼저 Transformers를 설치합니다(코드 4.7).

코드 4.7 Transformers 설치

In

```
!pip install transformers==4.26.0
```

Out

```
Looking in indexes: https://pypi.org/simple, https://us-python.pkg.dev/colab-
wheels/public/simple/
Collecting transformers==4.26.0
 Downloading transformers-4.26.0-py3-none-any.whl (6.3 MB)
━━━━━━━━━━━━━━━━━━━━━━━━ 6.3/6.3 MB 31.9 MB/s eta 0:00:00
Collecting huggingface-hub<1.0,>=0.11.0
 Downloading huggingface_hub-0.12.0-py3-none-any.whl (190 kB)
━━━━━━━━━━━━━━━━━━━━━━━━ 190.3/190.3 KB 9.7 MB/s eta 0:00:00
Requirement already satisfied: pyyaml>=5.1 in /usr/local/lib/python3.8/dist-
packages (from transformers==4.26.0) (6.0)
Requirement already satisfied: packaging>=20.0 in /usr/local/lib/python3.8/dist-
packages (from transformers==4.26.0) (23.0)
Requirement already satisfied: filelock in /usr/local/lib/python3.8/dist-packages
```

```
(from transformers==4.26.0) (3.9.0)
Requirement already satisfied: tqdm>=4.27 in /usr/local/lib/python3.8/dist-
packages (from transformers==4.26.0) (4.64.1)
Requirement already satisfied: numpy>=1.17 in /usr/local/lib/python3.8/dist-
packages (from transformers==4.26.0) (1.21.6)
Collecting tokenizers!=0.11.3,<0.14,>=0.11.1
  Downloading tokenizers-0.13.2-cp38-cp38-manylinux_2_17_x86_64.manylinux2014_
x86_64.whl (7.6 MB)
     ━━━━━━━━━━━━━━━━━━━━━━━━━━━━ 7.6/7.6 MB 19.9 MB/s eta 0:00:00
Requirement already satisfied: requests in /usr/local/lib/python3.8/dist-packages
(from transformers==4.26.0) (2.25.1)
Requirement already satisfied: regex!=2019.12.17 in /usr/local/lib/python3.8/dist-
packages (from transformers==4.26.0) (2022.6.2)
Requirement already satisfied: typing-extensions>=3.7.4.3 in /usr/local/lib/
python3.8/dist-packages (from huggingface-hub<1.0,>=0.11.0->transformers==4.26.0)
(4.4.0)
Requirement already satisfied: idna<3,>=2.5 in /usr/local/lib/python3.8/dist-
packages (from requests->transformers==4.26.0) (2.10)
Requirement already satisfied: certifi>=2017.4.17 in /usr/local/lib/python3.8/
dist-packages (from requests->transformers==4.26.0) (2022.12.7)
Requirement already satisfied: chardet<5,>=3.0.2 in /usr/local/lib/python3.8/dist-
packages (from requests->transformers==4.26.0) (4.0.0)
Requirement already satisfied: urllib3<1.27,>=1.21.1 in /usr/local/lib/python3.8/
dist-packages (from requests->transformers==4.26.0) (1.24.3)
Installing collected packages: tokenizers, huggingface-hub, transformers
Successfully installed huggingface-hub-0.12.0 tokenizers-0.13.2
transformers-4.26.0
```

4.3.2 누락된 단어 예측: BertForMaskedLM

일부 단어가 누락된 문장에서 누락된 단어를 BERT 모델을 활용해 예측합니다. 문장에서 일부 단어를 마스크하고, 마스크된 단어를 BERT 모델을 사용해서 예측합니다.

코드 4.8에서는 먼저 파이토치[torch]와 BertTokenizer를 임포트하고 토크나이저를 설정합니다.

코드 4.8 BertTokenizer 불러오기

In

```
import torch

from transformers import BertTokenizer


tokenizer = BertTokenizer.from_pretrained("bert-base-uncased")
```

Out

```
Downloading (...)solve/main/vocab.txt: 100% 232k/232k [00:00<00:00, 684kB/s]
Downloading (...)okenizer_config.json: 100% 28.0/28.0 [00:00<00:00, 225B/s]
Downloading (...)lve/main/config.json: 100% 570/570 [00:00<00:00, 9.31kB/s]
```

그리고 이번 절에서는 BertModel과 BertTokenizer는 사용하지만, BertConfig는 사용하지 않습니다. BertConfig는 독자적인 설정을 수행할 때 사용합니다. 여기에서는 독자적인 설정을 수행하지 않으므로, BertModel과 BertTokenizer만 사용합니다.

여기에서는 [CLS] I played baseball with my friends at school yesterday [SEP]라는 문장을 다룹니다. 문장 앞에는 [CLS]라는 토큰을 넣고, 문장의 끝에는 [SEP]라는 토큰을 넣습니다.

이 문장을 Tokenizer를 사용해서 단어로 분할합니다. 코드 4.9를 실행하면 문장이 단어로 분할됩니다.

코드 4.9 문장을 단어로 분할한다

In

```
text = "[CLS] I played baseball with my friends at school yesterday [SEP]"

words = tokenizer.tokenize(text)
print(words)
```

Out

```
['[CLS]', 'i', 'played', 'baseball', 'with', 'my', 'friends', 'at', 'school',
 'yesterday', '[SEP]']
```

단어별로 분할되었으므로 토큰 [CLS]와 [SEP]도 하나의 단어로 인식되는 것을 확인할 수 있습니다.

그럼 문장의 일부를 마스크합니다.

코드 4.10에서는 msk_idx를 3으로 지정했습니다. 이것으로 앞에서 셌을 때 번호가 3인 위치를 지정합니다.

0, 1, 2, 3, …으로 번호를 세므로 baseball을 마스크합니다. baseball이라는 단어를 토큰 [MASK]로 치환하게 됩니다.

이 코드를 실행하면 문장의 일부가 마스크됩니다.

코드 4.10 단어를 토큰 [MASK]로 치환한다
In

```
msk_idx = 3
words[msk_idx] = "[MASK]" # 단어를 [MASK]로 치환한다
print(words)
```

Out

```
['[CLS]', 'i', 'played', '[MASK]', 'with', 'my', 'friends', 'at', 'school',
'yesterday', '[SEP]']
```

baseball이 토큰 [MASK]로 치환된 것을 확인할 수 있습니다.

다음은, 단어를 단어를 나타내는 ID로 변환합니다. 여기에서 convert_tokens_to_ids()를 사용합니다. 이를 사용하면 단어가 고유한 ID로 변환됩니다.

여기에서는 3만 개 이상의 단어를 다룹니다. 각 단어에 인덱스가 붙어 있습니다. 코드 4.11에서 convert_tokens_to_ids()는 각 단어가 어떤 인덱스에 대응하는가를 조사해 단어를 인덱스로 변환합니다.

그 뒤, 각 단어의 ID를 torch.tensor()를 사용해 텐서로 변환합니다. 파이토치에서 데이터를 다루기 위해서는 데이터를 텐서 타입으로 변환해야 하기 때문입니다. 이 경우 파이썬의 리스트가 파이토치의 텐서로 변환됩니다.

코드 4.11 단어를 인덱스로 변환
In

```
word_ids = tokenizer.convert_tokens_to_ids(words) # 단어를 인덱스로 변환
word_tensor = torch.tensor([word_ids]) # Tensor로 변환
print(word_tensor)
```

```
tensor([[ 101, 1045, 2209, 103, 2007, 2026, 2814, 2012, 2082, 7483, 102]])
```

코드 4.11을 실행한 결과, 단어를 나타내는 ID가 나열된 Tensor가 표시됩니다. I와 played 등의 단어가 1045, 2209 등의 정수 ID로 나타난 것을 알 수 있습니다. 문장을 ID의 나열로 변환했습니다.

다음으로 BERT 모델을 사용해 예측을 수행합니다.

코드 4.12에서는 먼저 BertForMaskedLM의 학습 완료 모델을 불러옵니다. 그리고 여기에서는 학습을 수행하지 않으므로 .eval( )을 사용해 평가 모드로 합니다.

코드 4.12 BertForMaskedLM의 학습 완료 모델을 불러온다
In

```
from google.colab import output
from transformers import BertForMaskedLM

msk_model = BertForMaskedLM.from_pretrained("bert-base-uncased")
msk_model.eval() # 평가 모드
output.clear() # 출력을 표시하지 않는다
```

그리고 앞에서의 word_tensor를 입력 x로 합니다(코드 4.13).

이 x를 모델 msk_model에 전달해 예측을 수행합니다. 순전파가 여기에서 수행되며 출력 y를 얻을 수 있습니다.

이 출력 y는 튜플 형식이므로 여기에서 목적한 값을 얻기 위해서는 인덱스 0을 지정해서 꺼내야 합니다.

그 값들을 얻은 결과 result의 형식을 여기에서 표시합니다.

코드 4.13 학습 완료 모델을 사용해 예측한다
In

```
x = word_tensor # 입력
y = msk_model(x) # 예측
result = y[0]
print(result.size()) # 결과 형태
```

Out

```
torch.Size([1, 11, 30522])
```

Tensorresult의 형식을 표시했습니다. 1은 배치 크기이며 여러 문장을 한 번에 처리하는 경우에는 2 이상의 값이 됩니다. 그리고 11이 문장 중의 단어의 수이며 30522가 모델에서 다루는 단어의 수입니다.

그럼 가능성이 높은 단어를 취득합시다. 코드 4.14에서는 torch.topk( )를 사용해, 가장 가능성이 높은 단어를 5개 취득합니다. msk_idx로 마스크된 단어의 인덱스를 지정하고, k=5로 가장 큰 5개의 값을 취득하게 됩니다.

result에는 여러 문장의 결과가 포함되기도 하므로 목적한 문장의 결과를 꺼내기 위해 여기에서 0의 인덱스를 지정합니다.

torch.topk( )의 결과는 변수 _와 max_ids입니다. _(언더스코어)에는 가장 큰 값 그 자체가 들어갑니다. 단, 이것은 여기에서는 사용하지 않으므로 _로 설정했습니다.

이렇게 해서 가장 큰 5개의 값의 인덱스를 꺼낼 수 있습니다.

다음은 인덱스를 단어로 변환했습니다. max_ids를 tolist( )로 리스트로 변환한 뒤, tokenizer.convert_ids_to_tokens( )를 사용해 단어로 변환합니다. 그 뒤, 이 단어들을 표시합니다.

코드 4.14 예측 결과 표시
In

```
_, max_ids = torch.topk(result[0][msk_idx], k=5) # 가장 큰 5개의 값
result_words = tokenizer.convert_ids_to_tokens(max_ids.tolist()) # 인덱스를 단어로
변환
print(result_words)
```

Out

```
['basketball', 'football', 'soccer', 'baseball', 'tennis']
```

코드 4.14를 실행하면 결과가 표시됩니다.

마스크된 위치에 오기에 가장 적절한 듯한 단어로 basketball이 나와버렸습니다. 물론 정답은 baseball입니다. basketball 뒤에는 football이 오고, soccer, baseball, tennis가 이어집니다.

정답은 4번째입니다. 이것은 모델을 훈련하는 데 미국의 맥락이 담긴 문장이 사용되었기 때문

일 것입니다.

미국의 학교에서 친구들과 함께 즐기는 스포츠라면 역시 농구가 주요할 것이라고 생각합니다. 가령 일본의 문장을 훈련한 데이터를 사용하면 baseball이 1위가 될지도 모릅니다.

이렇게 해서 마스크된 단어가 무엇인지, 그것을 맞추는 BERT 모델을 사용할 수 있습니다.

4.3.3 문장이 연속되는지 판정: BertForNextSentencePrediction

그러면 다음 문제를 풀어봅시다. BERT 모델을 사용해 2개 문장이 연속되는지 판단해봅니다.

먼저 이전 절에서 설명한 BertForNextSentencePrediction을 불러오고 평가 모드로 설정합니다(코드 4.15).

코드 4.15 BertForNextSentencePrediction의 학습 완료 모델 불러오기

In

```
from transformers import BertForNextSentencePrediction


nsp_model = BertForNextSentencePrediction.from_pretrained("bert-base-uncased")
nsp_model.eval() # 평가 모드
output.clear() # 출력을 표시하지 않음
```

코드 4.16의 함수 show_continuity는 2개의 문장의 연속성을 판정합니다. 이 함수는 어느 정도 연속되어 있는지 확률로 나타냅니다.

코드 4.16 문장의 연속성을 판정하는 함수

In

```
def show_continuity(text1, text2):
    # 토큰화
    tokenized = tokenizer(text1, text2, return_tensors="pt")
    print("Tokenized:", tokenized)


    # 예측과 결과 표시
    y = nsp_model(**tokenized) # 예측
    print("Result:", y)
    pred = torch.softmax(y.logits, dim=1) # 소프트맥스 함수로 확률로 변환
    print(str(pred[0][0].item()*100) + "% 확률로 연속됩니다.")
```

이 함수는 2개의 문장 text1과 text2를 받습니다.

그리고 함수 안에서는 받은 1개의 문장을 토큰화합니다. 이때, tokenizer에 직접 2개의 문장을 전달해서 한 번에 토큰화합니다. 단어 분할과 ID로의 변환을 한 번에 수행합니다. return_tensors="pt"로 설정함으로써 얻은 데이터는 파이토치의 텐서로 변환됩니다.

여기에서 print( )를 사용해 토큰화된 데이터를 표시합니다.

그후 예측과 결과를 표시합니다. 먼저 순전파를 사용한 예측을 수행합니다. 이때 토큰화된 데이터 tokenized를 전달합니다. 이 데이터는 파이썬 딕셔너리 형식이며, **를 받아 딕셔너리 데이터를 그대로 인수로 전달할 수 있습니다.

예측 수행 결과인 y.logits는 소프트맥스 함수를 사용해 확률로 변환합니다. 그때 dim=1을 기술해서 확률로 변환하는 데이터의 방향(차원)을 지정합니다. dim에 관한 자세한 내용은 다음 공식 문서를 참조하십시오.

- 파이토치 | Softmax
  URL https://pytorch.org/docs/stable/generated/torch.nn.Softmax.html

그 뒤, 확률의 값에 100을 곱해 퍼센트로 표시합니다.

그러면 show_continuity( ) 함수에 자연스럽게 연결되는 1개의 문장을 전달해봅시다. 코드 4.17에서는 What is baseball ?과 It is a game of hitting the ball with the bat.이라는 2개의 문장을 show_continuity( ) 함수에 전달하고 있습니다. 이 2개의 문장은 분명히 자연스럽게 연결되는 문장입니다.

코드 4.17 자연스럽게 연결되는 2개의 문장을 전달한다

In

```
text1 = "What is baseball ?"
text2 = "It is a game of hitting the ball with the bat."
show_continuity(text1, text2)
```

Out

```
Tokenized: {'input_ids': tensor([[ 101, 2054, 2003, 3598, 1029, 102, 2009, 2003,
1037, 2208, 1997, 7294, 1996, 3608, 2007, 1996, 7151, 1012, 102]]), 'token_type_
ids': tensor([[0, 0, 0, 0, 0, 0, 1, 1, 1, 1, 1, 1, 1, 1, 1, 1, 1, 1, 1]]), 'attention_
mask': tensor([[1, 1, 1, 1, 1, 1, 1, 1, 1, 1, 1, 1, 1, 1, 1, 1, 1, 1, 1]])}
```

```
Result: NextSentencePredictorOutput(loss=None, logits=tensor([[ 6.2842, -6.1015]],
grad_fn=<AddmmBackward0>), hidden_states=None, attentions=None)
99.99958276748657% 확률로 연속됩니다.
```

코드 4.17을 실행하면 결과가 출력됩니다. 토큰화된 데이터, 예측 결과, 확률 표기가 표시됩니다.

토큰화된 데이터는 딕셔너리 형식입니다. input_ids는 입력 문장을 단어로 나타내는 ID의 배열로 변환한 것입니다. token_type_ids는 앞의 문장을 0, 뒤의 문장을 1로 나타낸 것입니다. attention_mask에 관해서는 다음 장에서 다시 설명합니다.

Result의 logits에는 신경망의 출력이 예측 결과로 들어갑니다. 그리고 이것을 소프트맥스 함수를 사용해 확률로 변환한 값을, 2개의 문장이 연속되어 있는 확률로 표시합니다.

결과는 거의 100%의 확률로 연속되어 있는 것으로 나타났습니다. 올바르게 판정할 수 있다는 것을 알 수 있습니다.

단, 이것만으로 올바른 기능을 제공한다고는 말할 수 없습니다. 다음은 자연스럽게 연속되지 않는 2개의 문장을 전달해봅시다.

show_continuity( ) 함수에 자연스럽게 연결되지 않는 2개의 문장을 전달합니다.

코드 4.18에서는 What is baseball ? 다음에 This food is made with flour and milk.를 전달하고 있습니다. 이 문장들을 분명히 의미가 연속되지 않는 개별 문장입니다.

코드 4.18 자연스럽게 연결되지 않는 2개의 문장을 전달한다
In

```
text1 = "What is baseball ?"
text2 = "This food is made with flour and milk."
show_continuity(text1, text2)
```

Out

```
Tokenized: {'input_ids': tensor([[ 101, 2054, 2003, 3598, 1029, 102, 2023, 2833,
2003, 2081, 2007, 13724, 1998, 6501, 1012, 102]]), 'token_type_ids': tensor([[0, 0,
0, 0, 0, 0, 1, 1, 1, 1, 1, 1, 1, 1, 1, 1]]), 'attention_mask': tensor([[1, 1, 1, 1, 1,
1, 1, 1, 1, 1, 1, 1, 1, 1, 1, 1]])}
Result: NextSentencePredictorOutput(loss=None, logits=tensor([[-4.1025, 7.1723]],
grad_fn=<AddmmBackward0>), hidden_states=None, attentions=None)
0.0012688265996985137%의 확률로 연속됩니다.
```

코드를 실행한 결과 연속되어 있는 확률은 거의 0%로 표시되었습니다.

자연스럽게 연결되지 않은 2개의 문장을 전달하면 그것이 연속되지 않은 문장이라고 확실하게 판정해 주는 것을 확인했습니다.

이상과 같이 Transformers를 사용하면 BERT의 기능을 매우 간단하게 사용할 수 있습니다.

그리고 여기에서는 가능한 단순한 한 구현을 목적으로 했기 때문에 영어 문장을 다루었습니다. 일본어와 한국어 문장은 7장에서 다루겠습니다.

4.4 | 연습

4장의 연습입니다.

다음 2개 문장이 연속되어 있는지 판정하는 코드를 작성합시다.

> ○ The cat sat on the windowsill and watched the birds outside.
>
> ○ I woke up early this morning and went for a run in the park.

4.4.1 라이브러리 설치

코드 4.19 Transformers 설치

In

```
!pip install transformers==4.26.0
```

4.4.2 토크나이저 불러오기

코드 4.20 토크나이저 불러오기

In

```
from transformers import BertTokenizer

tokenizer = BertTokenizer.from_pretrained("bert-base-uncased")
```

4.4.3 모델 불러오기

코드 4.21 BertForNextSentencePrediction 학습 완료 모델 불러오기

In

```
from google.colab import output
from transformers import BertForNextSentencePrediction
```

```
nsp_model = BertForNextSentencePrediction.from_pretrained("bert-base-uncased")
nsp_model.eval()  # 평가 모드
output.clear()  # 출력을 표시하지 않는다
```

4.4.4 연속성을 판정하는 함수

코드 4.22에 코드를 추가해 2개의 문장의 연속성을 판정하는 show_continuity() 함수를 완성합시다.

코드 4.22 연속성을 판정하는 함수

In

```
import torch


def show_continuity(text1, text2):
    # 토큰화
    tokenized = # ← 여기에 '토큰화' 코드를 입력


    # 예측과 결과 표시
    y = # ← 여기에 '예측' 코드 입력
    print("Result:", y)
    pred = torch.softmax(y.logits, dim=1) # 소프트맥스 함수로 확률로 변환
    print(str(pred[0][0].item()*100) + "%의 확률로 연속되어 있습니다.")
```

4.4.5 연속성 판정

코드 4.22를 완성했다면 코드 4.3을 실행해서 2개의 문장의 연속성을 판정할 수 있는지 확인합시다.

코드 4.23 연속성을 판정한다

In

```
text1 = "The cat sat on the windowsill and watched the birds outside."
text2 = "I woke up early this morning and went for a run in the park."

show_continuity(text1, text2)
```

4.4.6 해답 예

다음은 해답 예입니다(코드 4.24).

코드 4.24 해답 예: 연속성을 판정하는 함수

In

```python
import torch

def show_continuity(text1, text2):
    # 토큰화
    tokenized = tokenizer(text1, text2, return_tensors="pt") # ← 여기에 '토큰화' 코드를 입력

    # 예측과 결과 표시
    y = nsp_model(**tokenized) # ← 여기에 '예측' 코드를 입력
    print("Result:", y)
    pred = torch.softmax(y.logits, dim=1) # 소프트맥스 함수로 확률로 변환
    print(str(pred[0][0].item()*100) + "%의 확률로 연속되어 있습니다.")
```

4.5 | 정리

이번 장에서는 라이브러리인 Transformers의 기초를 학습한 뒤, 간단하게 BERT를 구현했습니다. 그리고 문장의 누락이나 연속한 문장의 판정 등의 태스크를 Transformers의 BERT 모델이 실제로 처리하는 것을 확인했습니다.

이후 장에서는 지금까지의 내용을 기반으로 한층 발전적인 내용을 다룹니다. BERT의 구조를 이해하고 구현하는 데 조금씩 익숙해집시다.

CHAPTER
5

BERT의 구조

이번 장에서는 BERT의 구조에 관해 기초부터 학습합니다.

이번 장에서는 다음 내용을 다룹니다.

○ BERT의 전체 이미지   ○ BERT의 구조

○ 트랜스포머와 어텐션   ○ 연습

이번 장에서는 가장 먼저 BERT의 전체 이미지에 관해 설명합니다. BERT는 트랜스포머로 구성되어 있습니다. 다음으로 트랜스포머의 기반인 어텐션의 구조에 관해 설명합니다. 그리고 이를 바탕으로 BERT의 구현 방법에 관해 설명합니다.

이번 장의 학습을 통해 BERT의 구조의 개요를 파악할 수 있고, 이 책에서 다루는 다양한 기술의 배경을 이해할 수 있게 될 것입니다.

트랜스포머와 어텐션은 다소 난해하게 보이는 부분이 있지만, 본질적으로는 결코 어렵지 않습니다. 조금씩 이해해보도록 합시다.

5.1.1 BERT 학습

그림 5.1은 BERT의 원 논문인 'BERT: Pre-training of Deep Bidirectional Transformers for Language Understanding'에서 인용한 BERT의 학습을 나타낸 것입니다.

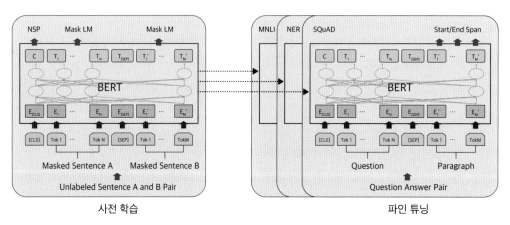

그림 5.1 BERT 학습
(출처: <BERT: Pre-training of Deep Bidirectional Transformers for Language Understanding>의 Figure 1에서 인용 및 작성 https://arxiv.org/abs/1810.04805)

BERT는 사전 학습과 파인 튜닝의 2단계로 구성되어 있습니다. 왼쪽 그림은 사전 학습을 나타내며, 오른쪽 그림은 파인 튜닝을 나타냅니다.

사전 학습 단계에서는 문장을 입력합니다. 이때 마스크된 단어를 포함하는 문장의 쌍 (Masked Sentence A와 Masked Sentence B)를 모델에 입력하고 예측 결과를 얻습니다.

결과에 다음 문장 예측Next Sentence Prediction(NSP)이 있습니다. NSP는 다음 문장을 예측하기 위해 훈련을 수행합니다. 그리고 누락된 문장의 문제를 예측하는 훈련도 수행합니다.

이런 구조를 활용해 BERT 모델은 다양한 태스크에 응용할 수 있습니다. 그림 오른쪽의 가장 앞에 있는 것은 SQuAD라는 태스크입니다. 이렇게 사전 학습 완료 모델은 SQuAD 등의 다양한 태스크에 응용됩니다. SQuAD 태스크는 질문과 답의 쌍이 있습니다. 이 태스크에 맞춰 모델을 파인 튜닝함으로써 질문에 답할 수 있게 됩니다.

5.1.2 BERT 모델

그럼 여기에서 BERT 모델의 내부를 살펴봅시다. 그림 5.2는 원 논문에서 BERT 모델 내부를 나타낸 그림에 일부 설명을 추가한 것입니다.

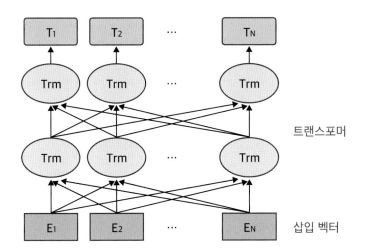

그림 5.2 BERT 모델
(출처 : <BERT: Pre-training of Deep Bidirectional Transformers for Language Understanding>의 Figure 3에서 인용 및 작성 https://arxiv.org/abs/1810.04805)

먼저 BERT 모델에 삽입 벡터를 전달합니다. 삽입 벡터에 관해서는 1장에서 설명한 것처럼, 소유 단어의 분산 표현을 말합니다. 단어를 예를 들어 200차원이나 300차원 등의 일정한 차원을 가진 벡터로 변환한 것입니다.

이 E_1, E_2 등은 문장 안에 배열되어 있는 각 단어를 나타냅니다. 따라서 입력은 삽입 벡터로 표현된 단어가 배열되어 있는 문장이 됩니다.

그리고 이것을 여럿 배열된 트랜스포머에 입력합니다. 그림에서 Trm이 트랜스포머입니다. BERT에는 많은 트랜스포머가 사용되는데, 이처럼 트랜스포머가 기반인 모델인 것을 알 수 있습니다.

트랜스포머가 배열되어 있는 여러 층이 있으며 그 뒤의 T_1, T_2 등이 BERT 모델을 통해 얻어진 결과가 됩니다. 이 결과를 사용해 각각의 태스크에 대응하게 됩니다.

BERT의 'B'는 양방향을 뜻하는 Bidirectional의 약자입니다. 이전에는 시간 방향으로만 데이터가 흐르는 모델이 주류였지만, BERT는 시간 방향의 화살표가 없습니다. 과거에서 미래, 미래에서 과거의 양방향으로 데이터가 흐르기 때문에 Bidirectional이 됩니다.

5.1.3 BERT의 입력

그러면 여기에서 부분 입력에 관해 설명합니다. 그림 5.3은 원 논문의 BERT의 입력을 나타내는 그림에 일부 설명을 추가한 것입니다.

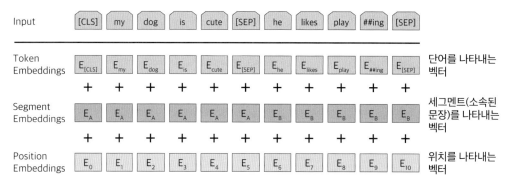

그림 5.3 BERET의 입력
(출처 : <BERT: Pre-training of Deep Bidirectional Transformers for Language Understanding>의 Figure 2에서 인용 및 작성 https://arxiv.org/abs/1810.04805)

BERT의 입력은 삽입 벡터라고 앞서 설명했습니다만, 여기에서 다시 자세히 설명하겠습니다.

먼저 그림 5.3 위쪽에 입력 문장Input이 있습니다. 문장 시작을 나타내는 [CLS] 토큰에서 시작해 my dog is cute라고 쓰여 있습니다. 그리고 구분자separator [SEP]를 사이에 두고 he likes play ##ing이라는 다음 문장이 있고, 마지막에 구분자 [SEP]가 있습니다.

입력에 대해 먼저 토큰 임베딩Token Embedding을 수행합니다. 여기에서는 각 단어를 삽입 벡터, 즉, 분산 표현으로 변환합니다. 그리고 BERT의 입력에는 여기에 다른 벡터가 더해집니다. 더해지는 것은 세그먼트 임베딩Segment Embedding과 포지션 임베딩Position Embedding입니다.

세그먼트 임베딩은 이름 그대로 세그먼트를 나타내는 벡터입니다. 세그먼트란 포함된 문장을 나타내며, 여기에서는 A와 B라는 2개의 문장이 있습니다. E_A가 문장 A에 속하는 단어, E_B가 문장 B에 속하는 단어에 대응합니다. 이렇게 문장을 세그먼트로 나누기 위해 세그먼트 임베딩을 사용합니다.

그리고 여기에 포지션 임베딩이라는 벡터를 추가합니다. 이것은 위치를 나타내는 벡터입니다. 그림에서는 E_0부터 E_{10}까지 있습니다. 이것은 단어가 문장 전체에서 어떤 위치에 있는지 나타내는 벡터입니다.

이렇게 삽입 벡터에 세그먼트와 위치 정보가 추가됩니다. 이렇게 함으로써 BERT 모델은 문장 구조를 효율적으로 얻어낼 수 있습니다.

5.1.4 BERT의 학습

그럼 여기에서 BERT의 학습에 관해 설명합니다. 5.1.1항에서도 설명했습니다만, BERT의 학습에는 사전 학습과 파인 튜닝의 2가지 단계가 있습니다.

사전 학습에서는 트랜스포머가 문장에서 문맥을 양방향으로 학습합니다. 이 사전 학습은 마스크된 언어 모델Masked Language Model과 다음 문장 예측Next Sentence Prediction 2가지 방법으로 수행합니다.

마스크된 언어 모델에서는 문장에서 단어를 15% 무작위로 골라 [MASK] 토큰으로 치환합니다. 15%는 BERT의 원 논문에 사용된 값입니다.

다음은 예시입니다.

```
예: my dog is hairy → my dog is [MASK]
```

이 문장에서는 hairy가 [MASK]로 치환되었습니다.

그리고 이 [MASK]의 위치에 있어야 할 단어를 앞뒤 문맥에서 예측하도록 학습을 수행하게 됩니다.

그리고 다음 문장 예측에서는 연속한 2개의 문장에 관계가 있는지를 판정합니다.

여기에서는 뒤 문장을 50%의 확률로 관계없는 문장으로 치환합니다. 그리고 뒤 문장이 의미적으로 적절하다면 IsNext, 그렇지 않으면 NotNext라는 판정을 내립니다.

다음은 예시입니다.

```
[CLS] the man went to [MASK] store [SEP] / he bought a gallon [MASK] milk [SEP]
판정: IsNext
```

이 문장은 자연스럽게 연결되므로 판정은 IsNext입니다.

```
[CLS] the man went to [MASK] store [SEP] / penguin [MASK] are flightless birds [SEP]
판정: NotNext
```

이 문장은 연결되지 않으므로 판정은 NotNext입니다.

이렇게 2개의 문장의 연속성을 판정할 수 있도록 다음 문장 예측에서 학습을 수행합니다.

마스크된 언어 모델과 다음 문장 예측 2가지 방법으로 BERT의 모델의 사전 학습을 수행합니다. 사전 학습 완료 매개변수는 각 태스크에 맞는 파인 튜닝의 초깃값으로 사용됩니다.

5.1.5 BERT의 성능

원 논문의 표를 인용해 BERT의 성능에 관해 설명합니다.

그림 5.4는 SQuAD^{Stanford Question Answering Dataset}이라는 태스크에서 BERT의 성능을 나타낸 표입니다. SQuAD는 스탠포드대학교에서 일반에 공개한 10만 건의 질의 응답 쌍을 포함한 데이터셋입니다.

System	Dev		Test	
	EM	F1	EM	F1
Top Leaderboard Systems (Dec 10th, 2018)				
Human	-	-	82.3	91.2
#1 Ensemble - nlnet	-	-	86.0	91.7
#2 Ensemble - QANet	-	-	84.5	90.5
Published				
BiDAF+ELMO (Single)	-	85.6	-	85.8
R.M. Reader (Ensemble)	81.2	87.9	82.3	88.5
Ours				
BERT_BASE (Single)	80.8	88.5	-	-
BERT_LARGE (Single)	84.1	90.9	-	-
BERT_LARGE (Ensemble)	85.8	91.8	-	-
BERT_LARGE (Sgl.+TriviaQA)	84.2	91.1	85.1	91.8
BERT_LARGE (Ens.+TriviaQA)	86.2	92.2	87.4	93.2

그림 5.4 BERT의 성능 : SQuAD
(출처 : ' BERT: Pre-training of Deep Bidirectional Transformers for Language Understanding' 의 Table 2에서 인용 및 작성 https://arxiv.org/abs/1810.04805)

이 표에서는 사람의 성능과 다른 모델의 성능, BERT의 성능을 비교하고 있습니다.

BERT가 압도적인 성능을 발휘하는 것을 알 수 있습니다. 크기가 큰 BERT 모델은 사람보다 뛰어난 성능을 발휘하는 것을 알 수 있습니다.

GLUE^General Language Understanding Evaluation라는 태스크에서도 BERT의 성능을 측정했습니다 (그림 5.5). GLUE는 자연어 처리를 위한 몇 가지 학습 데이터를 포함하는 데이터셋입니다.

System	MNLI-(m/mm)	QQP	QNLI	SST-2	CoLA	STS-B	MRPC	RTE	Average
	392k	363k	108k	67k	8.5k	5.7k	3.5k	2.5k	-
Pre-OpenAI SOTA	80.6/80.1	66.1	82.3	93.2	35.0	81.0	86.0	61.7	74.0
BiLSTM+ELMo+Attn	76.4/76.1	64.8	79.8	90.4	36.0	73.3	84.9	56.8	71.0
OpenAI GPT	82.1/81.4	70.3	87.4	91.3	45.4	80.0	82.3	56.0	75.1
BERT_BASE	84.6/83.4	71.2	90.5	93.5	52.1	85.8	88.9	66.4	79.6
BERT_LARGE	86.7/85.9	72.1	92.7	94.9	60.5	86.5	89.3	70.1	82.1

그림 5.5 BERT의 성능 : GLUE
(출처 : <BERT: Pre-training of Deep Bidirectional Transformers for Language Understanding> 의 Table 1에서 인용 및 작성 https://arxiv.org/abs/1810.04805)

여기에서도 다른 모델과 비교해 BERT는 압도적인 성능을 발휘합니다. 특히 주목할 것은 다양한 태스크에서 성능을 발휘할 수 있는 범용성입니다. 단순히 성능이 높을 뿐만 아니라, 매우 넓은 범위의 태스크에 대응할 수 있는 범용성도 주목할 가치가 있습니다.

5.2 | 트랜스포머와 어텐션

트랜스포머와 어텐션의 구조에 관해 설명합니다.

5.2.1 트랜스포머의 모델 개요

트랜스포머는 인코더와 디코더로 구성됩니다. 그림 5.6은 트랜스포머의 원 논문 <Attention Is All You Need>에서의 트랜스포머 모델의 그림에 일부 설명을 추가한 것입니다.

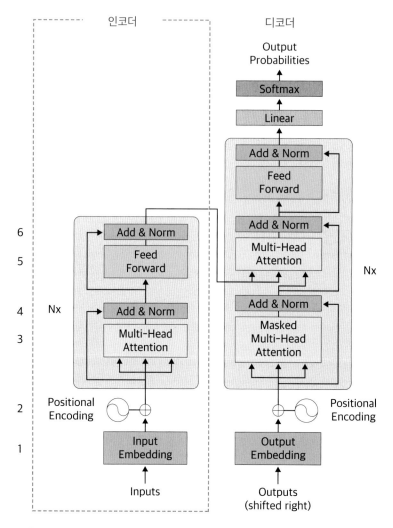

그림 5.6 인코더의 구조
(출처: <Attention Is All You Need>의 Figure 1에서 인용 및 작성 https://arxiv.org/abs/1706.03762)

그림 5.6에서 왼쪽이 인코더, 오른쪽이 디코더입니다. 사실 여기에서 사용하는 것은 인코더뿐입니다. 오른쪽의 디코더는 사용하지 않습니다. BERT의 E은 Encoder를 가리킵니다.

여기에서 인코더의 구조를 복습합시다.

인코더의 구조

1. 임베딩 층에서 입력 문자를 벡터로 압축
2. 포지셔널 임베딩 층에서 위치 정보를 추가
3. 멀티헤드 어텐션 층
4. 정규화 등
5. 순방향 신경망
6. 정규화 등

3~6을 6회 반복한다

인코더에서는 먼저 임베딩 층에서 입력 문장을 분산 표현으로 변환합니다. 그리고 포지셔널 임베딩 층에서 여기에 문장 안에서의 위치 정보를 추가합니다. 다음으로 멀티헤드 어텐션 층은 여러 어텐션 헤드가 포함된 층이며, 여기에 관해서는 이번 절 뒤에서 설명하겠습니다.

그 뒤, 멀티헤드 어텐션 층을 지나치지 않는 흐름과의 합류, 잔차^{residual} 연결을 수행한 뒤, 데이터 치우침을 없애는 정규화를 수행합니다.

그리고 보다 일반적인 신경망에 가까운 순방향 신경망을 배치했습니다. 이에 관해서도 이번 절 뒤에서 설명하겠습니다.

그리고 3부터 6까지의 처리를 6번 반복하고 디코더에 출력 벡터를 전달합니다. 이렇게 인코더는 어텐션을 여러 차례 반복하는 모델로 구성되어 있습니다.

이상에서 알 수 있듯 인코더에서는 RNN은 물론 CNN도 사용하지 않습니다. 대부분 어텐션만으로 구성되어 있는 것이 특징입니다.

디코더는 BERT에서는 사용하지 않으므로, 이번 절에서는 설명하지 않습니다.

5.2.2 어텐션이란?

그럼 어텐션이란 무엇일까요? 어텐션을 한 마디로 말하면 '문장 안에 어떤 단어에 주목하면 좋은가를 나타내는 점수'입니다. 어텐션은 쿼리^{Query}, 키^{Key}, 값^{Value}의 3가지 벡터로 계산됩니다.

각 벡터를 말로 설명하는 것은 어렵지만, 풀어서 설명해보겠습니다. 쿼리 벡터는 입력 중 '검색을 하고 싶은 것'을 나타냅니다. 키 벡터는 검색할 대상과 쿼리의 가까움을 측정하기 위해 사용합니다. 즉, 쿼리 벡터와 얼마나 비슷한지를 예측하는 것입니다. 값 벡터는 키에 기반해 적절한 값을 선택해서 출력합니다. 값은 키에 기반해서 선택하게 됩니다.

여기에서는 그림 5.7을 사용해서 어텐션에 관해 설명합니다.

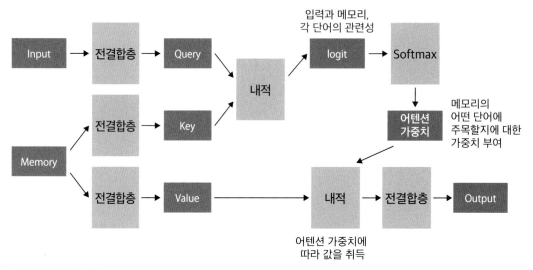

그림 5.7 어텐션 구조

그림 5.7에서 모서리가 각진 직사각형은 벡터를 나타냅니다. 정확하게 말하면 배치 등을 고려하면 텐서가 되지만, 이번 절에서는 벡터라고 표현하겠습니다.

그리고 모서리가 둥근 직사각형은 무언가의 조작을 나타냅니다. 전결합층과 내적$^{Dot\ Product}$, 소프트맥스가 있습니다.

두 개의 문장이 있고 각 문장은 벡터로 표현됩니다. 첫 번째 문장은 입력^{Input} 벡터이고 두 번째 문장은 메모리^{Memory} 벡터입니다. 이렇게 삽입된 벡터에 대해 전결합층에서 처리를 수행합니다.

입력 문장으로부터 각 단어에 대응하는 쿼리 벡터를 만들게 됩니다. 메모리의 문장을 가지고 키 벡터를 만듭니다. 그리고 이 키와 쿼리 벡터의 유사도를 내적이라고 합니다. 키와 쿼리의 벡터가 비슷하다면 그만큼 내적 값도 커집니다. 반대로 비슷하지 않으면 내적 값은 작아집니다. 그렇기 때문에 내적에 따라 입력과 메모리의 각 단어 간의 관련성을 계산할 수 있습니다.

내적 값을 소프트맥스 함수에 넣습니다. 소프트맥스 함수는 확률을 표현 값으로 변환하는 데

자주 사용합니다. 이것을 활용해 내적 값을 0과 1 사이의 확률로 정규화하며, 모든 확률 값은 1이 됩니다. 소프트맥스 함수에서는 시그모이드 함수를 사용하므로, 출력의 범위가 0에서 1이 됩니다. 이 연관도를 소프트맥스 함수로 처리한 것이 어텐션 가중치입니다. 어텐션 가중치는 메모리의 어떤 단어에 주의를 기울여야 하는가에 대해 가중치를 붙이는 것이 됩니다.

쿼리와 키의 벡터가 비슷하다면 어텐션 가중치는 커집니다. 올바르게 메모리의 단어에 주의를 기울일 수 있도록, 전결합층의 매개변수가 조정되고, 신경망은 학습을 하게 됩니다. 키는 올바르게 주의를 기울일 수 있도록 훈련되게 됩니다.

메모리에서는 전결합층을 얻고 값^{value}도 만들어집니다. 값은 메모리의 각 단어를 나타내는 삽입 벡터라고 생각할 수도 있습니다. 어텐션 가중치와 값 사이에서 내적을 얻어서 어텐션 가중치에 따라 값을 취사선택하게 됩니다. 그 상태에서 그것을 전결합층에 넣어 전체 출력을 얻게 됩니다.

5.2.3 입력과 메모리

여기에서는 어텐션의 중요한 위치를 순차 해결합니다.

먼저 입력^{Input}과 메모리^{Memory}에 관해 설명합니다. 그림 5.8은 이 2가지에 집중합니다.

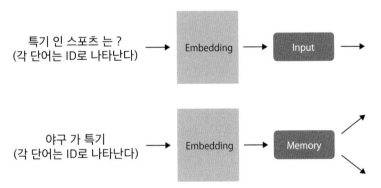

그림 5.8 입력과 메모리

입력을 얻기 위해서는 문장을 삽입 벡터로 변환해야 합니다. 그림 5.8에는 예로 '특기인 스포츠는?'이라는 문장이 있고, 이 문장이 단어로 분할되어 있습니다. 실제는 각 단어는 상수 번호인 ID로 표현되지만, 이것을 임베딩 층에 넣어 삽입 벡터로 변환됩니다.

메모리에 관해서도 마찬가지입니다. 여기에서는 '특기인 스포츠는?'에 대응한 '야구가 특기'라는 문장이 예로 표시되어 있습니다. 각 단어가 삽입 벡터로 변환되어 메모리가 됩니다.

5.2.4 어텐션 가중치 계산

그림 5.9는 어텐션 가중치에 초점을 둔 다이어그램입니다.

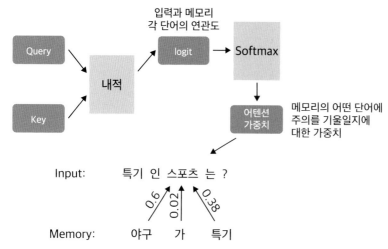

그림 5.9 어텐션 가중치 계산

쿼리와 키 사이의 내적을 구함으로써 입력과 메모리의 각 단어 간 연관도를 계산합니다. 그리고 그것을 소프트맥스 함수에 넣어 어텐션 가중치를 계산합니다. 어텐션 가중치는 메모리의 어떤 단어에 주의를 기울여야 하는가에 대한 가중치입니다.

이 예에서는 입력이 '특기인 스포츠는?'이고, 그에 대한 메모리가 '야구가 특기'입니다. 예를 들어 이 '스포츠'라는 단어가 메모리의 올바른 단어로부터 어텐션(주의)을 받도록 학습하게 되는 것입니다.

어떻게 되는 것이 바람직할까요? '스포츠'라는 단어가 가장 주의를 기울여야 할 단어는 여기에서는 '야구'이므로, 야구에 대한 가중치가 가장 크도록 학습하게 됩니다.

5.2.5 값과 내적

다음은 값과 내적의 위치를 설명합니다. 그림 5.10은 해당 부분에 초점을 둔 다이어그램입니다.

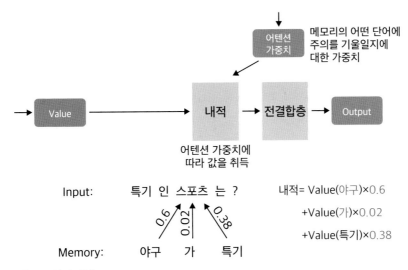

그림 5.10 값과 내적

계산된 어텐션 가중치와 값 사이의 내적을 구합니다. 내적은 그림의 오른쪽 아래와 같은 처리를 수행합니다.

이 예시에서는 '야구'라는 단어에 대응한 값에 0.6이라는 어텐션 가중치를 곱했습니다. 그리고 '가'라는 단어에 대응한 값에 0.02라는 어텐션 가중치, '특기'라는 단어에 대응한 값에 0.38이라는 어텐션 가중치를 곱했습니다.

이렇게 값과 가중치를 곱해서 그 총합을 구하는 처리를 수행합니다. 이를 통해 주목해야 할 단어에 가중치를 붙입니다.

그래서 가장 주목해야 할 단어의 값을 계산한다고 대략적으로 설명할 수 있습니다. '야구'에 1.0을 곱하는 것이 아니라 다른 단어와의 관계성도 고려한 어텐션 가중치를 곱해서 내적을 얻게 되는 형태입니다.

그리고 전결합층에 넣어 출력을 얻게 됩니다. 이렇게 어텐션에서는 단어끼리 연관성을 고려한 계산을 수행합니다.

5.2.6 셀프 어텐션과 원천 타깃 어텐션

어텐션에는 몇 가지 종류가 있습니다. 먼저 셀프 어텐션$^{Self-Attention}$에 관해 설명합니다. 그림 5.11은 셀프 어텐션을 나타낸 다이어그램입니다.

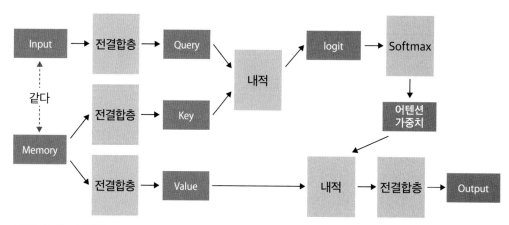

그림 5.11 셀프 어텐션

셀프 어텐션은 입력과 메모리가 동일한 어텐션으로 문법 구조나 단어끼리 관계 등을 획득할 때 사용합니다.

이에 비해 원천 타깃 어텐션Source-Target-Attention은 입력과 메모리가 다른 어텐션입니다(그림 5.12).

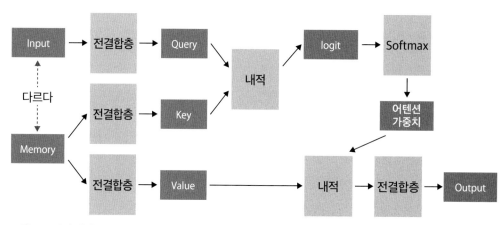

그림 5.12 원천 타깃 어텐션

원천 타깃 어텐션에서는 2개의 문장의 관계성을 고려해 어텐션 처리를 수행합니다.

트랜스포머의 디코더에서 인코더의 출력과 디코더 측에서의 흐름이 통합되는 위치가 있습니다. 그런 위치에 이 원천 타깃 어텐션을 사용합니다.

5.2.7 멀티헤드 어텐션

그림 5.13은 트랜스포머의 원 논문에서 멀티헤드 어텐션을 나타낸 다이어그램입니다.

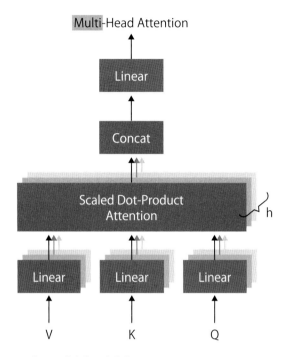

그림 5.13 멀티헤드 어텐션
(출처: <Attention Is All You Need>의 Figure 2에서 인용 및 작성 https://arxiv.org/abs/1706.03762)

실제로 BERT에서는 이 멀티헤드 어텐션을 사용합니다. 멀티헤드$^{Multi-Head}$라는 이름대로, 여러 어텐션을 병행해서 배열합니다. 멀티헤드 어텐션에서 각각의 어텐션 처리는 헤드라고 불립니다.

각 어텐션 헤드에 값, 키, 쿼리의 입력이 있고 어텐션 처리를 수행한 후 Concat으로 결합을 수행합니다.

이 멀티헤드화를 통해 모델의 성능이 향상되는 것을 생각할 수 있습니다. 실제로 이 원 논문에서는 멀티헤드화를 통한 성능 향상에 관해 기술하고 있습니다.

그리고 머신러닝 분야에서는 앙상블^{Ensemble}이라는 개념이 있습니다. 앙상블 학습은 여러 머신러닝 모델을 배열해서 병행으로 사용해 동작하도록 하는 모델입니다. 이를 통해 모델의 성능을 한층 향상할 수 있는 것으로 알려져 있습니다.

그리고 신경망의 과학습을 방지하기 위해 자주 드롭아웃^{Dropout}을 수행합니다. 드롭아웃은 학습할 때마다 뉴런을 무작위로 비활성화하는 기법입니다. 실질적으로 매번 다른 신경망을 사용하는 듯한 형태가 됩니다.

이렇게 여러 모델을 조합해서 학습을 수행하면 모델 성능이 향상되는 것이 경험적으로 알려져 있습니다. 멀티헤드 어텐션도 그런 경우와 같다고 생각할 수 있을지 모르겠습니다.

그리고 디코더에는 마스크 멀티헤드 어텐션이라는 부분이 있습니다(그림 5.14).

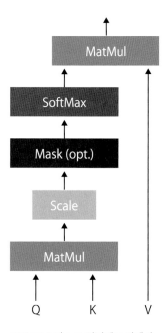

그림 5.14 마스크 멀티헤드 어텐션
(출처: <Attention Is All You Need>의 Figure 2에서 인용 및 작성 https://arxiv.org/abs/1706.03762)

이것은 특정 키에 대해 어텐션 가중치를 0으로 하는 처리입니다. 이렇게 마스크로 숨김 처리를 수행하는 이유는 단어를 미리 읽는 것을 방지하기 위함입니다. 입력에 예측해야 할 결과가 들어있으면 소위 '커닝'이 발생하기 때문입니다.

마스크 멀티헤드 어텐션을 사용해 입력에 기반한 학습이 수행되어, 미지의 데이터에 대해 올바르게 예측하지 못하게 되는 경우를 방지합니다.

단, 이것은 디코더 측에서 수행되므로, 인코더만 사용하는 BERT에서는 관계없는 경우가 많습니다.

5.2.8 위치별 완전 연결 순방향 신경망

위치별 완전 연결 순방향 신경망Positionwise Fully Connected Feed-forward Network는 2개의 층으로 구성된 전결합 신경망입니다.

단어별로 개별적인 순전파가 이루어지며, 다른 단어와의 영향 관계가 배제됩니다. 단, 개별적인 순전파라 하더라도 매개변수는 모든 처리에서 공통으로 사용합니다.

다음은 트랜스포머의 원 논문에서 위치별 완전 연결 순방향 신경망을 나타내는 식입니다.

$$FFN(x) = \max(0, xW_1 + b_1)W_2 + b_2$$

x가 입력, W가 가중치, b가 편향입니다. 2층의 신경망으로 되어 있습니다. 입력 벡터와 가중치를 곱하고 편향을 더해서 선형 변환을 수행합니다. 그런 다음 활성화 함수로 ReLU가 사용되는데, 입력이 0보다 작을 때는 0을 출력하고, 입력이 0보다 크거나 같을 때는 해당 입력 값을 그대로 출력합니다.

5.2.9 포지셔널 인코딩

다음을 포지셔널 인코딩Positional Encoding에 관해 설명합니다. 포지셔널 인코딩에서는 단어의 위치 정보를 삽입 벡터에 추가합니다.

다음은 트랜스포머의 원 논문에서 포지셔널 인코딩을 나타내는 식입니다.

$$PE_{(pos,2i)} = \sin(pos/10000^{2i/d_{model}})$$

$$PE_{(pos,2i+1)} = \cos(pos/10000^{2i/d_{model}})$$

pos: 단어의 위치 $2i$, $2i+1$: Embedding의 몇 번째 차원인가? d_{model}: 차원 수

PE는 Positional Encoding의 약어입니다. pos는 단어의 위치, $2i$와 $2i+1$은 삽입 벡터의 몇 번째 차원인가를 나타냅니다. d_{model}은 삽입 벡터의 차원 수입니다.

삽입 벡터의 홀수 차원의 요소는 $\sin$으로 위치 정보를 추가하고, 짝수 차원의 요소는 $\cos$으로 위치 정보를 추가합니다. 홀수/짝수에 따라 다른 위치 정보를 추가하게 됩니다.

단어가 문장에서 어느 위치에 있는가 하는 것은 문장 구성상 대단히 중요한 정보입니다. 이것을 무시하지 않도록 포지셔널 인코딩은 위치 정보를 부여하는 역할을 담당합니다.

5.2.10 어텐션 시각화

그림 5.15는 트랜스포머의 원 논문에서 어텐션을 시각화한 것입니다.

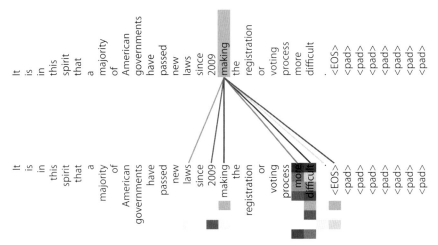

다른 색은 다른 어텐션의 헤드를 나타낸다

그림 5.15 어텐션 시각화
(출처 : <Attention Is All You Need> 의 Figure 3에서 인용 및 작성 https://arxiv.org/abs/1706.03762)

몇 개의 단어가 배열되어 있습니다. 위쪽에는 'making'이라는 단어에 초점이 맞춰져 있습니다. 이 단어가 어떤 단어에 주의를 기울여야 하는가를 나타내는 다이어그램입니다. 배열되어 있는 단어는 위와 아래가 동일하므로, 이것은 셀프 어텐션이 됩니다.

그리고 그 아래 각 단어에는 다른 색의 직사각형이 배열되어 있습니다. 각 색상은 다른 어텐션 헤드를 나타냅니다. 어텐션 헤드에 관해서는 앞에서 멀티헤드 어텐션과 관해 설명했습니다.

이 경우 'making'과 가장 주의를 기울이고 있는 단어는 'more'와 'difficult'입니다. 실제로 making, more, difficult는 자주 연속해서 사용됩니다. 어떻게 단어에 어텐션이 모이는지, 이 그림을 통해 직관적으로 파악할 수 있습니다.

트랜스포머는 어텐션을 기반으로 합니다. 어텐션을 사용함으로써 문맥을 고려한 상태에서 어떤 단어에 주목해야 하는가를 모델에 적용할 수 있게 됩니다.

5.3 | BERT의 구조

이번 절에서는 자연어 처리 라이브러리인 Transformers를 사용한 BERT의 구현 방법을 요점을 짚어가며 확인해봅시다.

5.3.1 라이브러리 설치

가장 먼저 라이브러리인 Transformers를 설치합니다(코드 5.1).

코드 5.1 Transformers 설치

In

```
!pip install transformers==4.26.0
```

Out

```
Looking in indexes: https://pypi.org/simple, https://us-python.pkg.dev/colab-
wheels/public/simple/
Collecting transformers==4.26.0
 Downloading transformers-4.26.0-py3-none-any.whl (6.3 MB)
━━━━━━━━━━━━━━━━━━━━━━━━━━━━━━ 6.3/6.3 MB 19.9 MB/s eta 0:00:00
Requirement already satisfied: pyyaml>=5.1 in /usr/local/lib/python3.8/dist-
packages (from transformers==4.26.0) (6.0)
Requirement already satisfied: regex!=2019.12.17 in /usr/local/lib/python3.8/dist-
packages (from transformers==4.26.0) (2022.6.2)
Collecting huggingface-hub<1.0,>=0.11.0
 Downloading huggingface_hub-0.12.0-py3-none-any.whl (190 kB)
━━━━━━━━━━━━━━━━━━━━━━━━━━━━━━ 190.3/190.3 KB 10.1 MB/s eta 0:00:00
Requirement already satisfied: filelock in /usr/local/lib/python3.8/dist-packages
(from transformers==4.26.0) (3.9.0)
Requirement already satisfied: tqdm>=4.27 in /usr/local/lib/python3.8/dist-
packages (from transformers==4.26.0) (4.64.1)
Collecting tokenizers!=0.11.3,<0.14,>=0.11.1
```

```
Downloading tokenizers-0.13.2-cp38-cp38-manylinux_2_17_x86_64.manylinux2014_
x86_64.whl (7.6 MB)
                ──────────────────────────── 7.6/7.6 MB 55.0 MB/s eta 0:00:00
Requirement already satisfied: numpy>=1.17 in /usr/local/lib/python3.8/dist-
packages (from transformers==4.26.0) (1.21.6)
Requirement already satisfied: packaging>=20.0 in /usr/local/lib/python3.8/dist-
packages (from transformers==4.26.0) (23.0)
Requirement already satisfied: requests in /usr/local/lib/python3.8/dist-packages
(from transformers==4.26.0) (2.25.1)
Requirement already satisfied: typing-extensions>=3.7.4.3 in /usr/local/lib/
python3.8/dist-packages (from huggingface-hub<1.0,>=0.11.0->transformers==4.26.0)
(4.4.0)
Requirement already satisfied: idna<3,>=2.5 in /usr/local/lib/python3.8/dist-
packages (from requests->transformers==4.26.0) (2.10)
Requirement already satisfied: chardet<5,>=3.0.2 in /usr/local/lib/python3.8/dist-
packages (from requests->transformers==4.26.0) (4.0.0)
Requirement already satisfied: certifi>=2017.4.17 in /usr/local/lib/python3.8/
dist-packages (from requests->transformers==4.26.0) (2022.12.7)
Requirement already satisfied: urllib3<1.27,>=1.21.1 in /usr/local/lib/python3.8/
dist-packages (from requests->transformers==4.26.0) (1.24.3)
Installing collected packages: tokenizers, huggingface-hub, transformers
Successfully installed huggingface-hub-0.12.0 tokenizers-0.13.2
transformers-4.26.0
```

5.3.2 BERT 모델의 구조

Transformers에서는 다양한 훈련 완료 모델을 다루는 클래스를 제공합니다. 여기에서는 가장 기본적인 모델인 BertModel의 구조를 확인해봅니다. 이것은 특정한 용도에 특화되지 않은 기본이 되는 사전 학습 완료 모델입니다.

BertModel

· 문서

URL https://huggingface.co/docs/transformers/v4.26.0/en/model_doc/
bert#transformers.BertModel

- 소스 코드

URL https://bit.ly/3xxQni6

코드 5.2를 실행하면 BertModel의 구성이 표시됩니다.

코드 5.2 BERT 모델의 구조

In

```
import torch

from transformers import BertModel

bert_model = BertModel.from_pretrained("bert-base-uncased")  # 훈련 완료 매개변수
불러오기
print(bert_model)
```

Out

```
Downloading (...)lve/main/config.json: 100% 570/570 [00:00<00:00, 22.0kB/s]
Downloading pytorch_model.bin:      100% 440M/440M [00:04<00:00, 88.2MB/s]
Some weights of the model checkpoint at bert-base-uncased were not used when
initializing BertModel: ['cls.predictions.bias', 'cls.predictions.transform.
LayerNorm.bias', 'cls.predictions.decoder.weight', 'cls.seq_relationship.bias',
'cls.predictions.transform.dense.bias', 'cls.seq_relationship.weight', 'cls.
predictions.transform.dense.weight', 'cls.predictions.transform.LayerNorm.
weight']
- This IS expected if you are initializing BertModel from the checkpoint of a
model trained on another task or with another architecture (e.g. initializing a
BertForSequenceClassification model from a BertForPreTraining model).
- This IS NOT expected if you are initializing BertModel from the checkpoint
of a model that you expect to be exactly identical (initializing a
BertForSequenceClassification model from a BertForSequenceClassification model).
BertModel(
  (embeddings): BertEmbeddings(
    (word_embeddings): Embedding(30522, 768, padding_idx=0)
    (position_embeddings): Embedding(512, 768)
    (token_type_embeddings): Embedding(2, 768)
    (LayerNorm): LayerNorm((768,), eps=1e-12, elementwise_affine=True)
    (dropout): Dropout(p=0.1, inplace=False)
```

```
    )
    (encoder): BertEncoder(
      (layer): ModuleList(
        (0-11): 12 x BertLayer(
          (attention): BertAttention(
            (self): BertSelfAttention(
              (query): Linear(in_features=768, out_features=768, bias=True)
              (key): Linear(in_features=768, out_features=768, bias=True)
              (value): Linear(in_features=768, out_features=768, bias=True)
              (dropout): Dropout(p=0.1, inplace=False)
            )
            (output): BertSelfOutput(
              (dense): Linear(in_features=768, out_features=768, bias=True)
              (LayerNorm): LayerNorm((768,), eps=1e-12, elementwise_affine=True)
              (dropout): Dropout(p=0.1, inplace=False)
            )
          )
          (intermediate): BertIntermediate(
            (dense): Linear(in_features=768, out_features=3072, bias=True)
            (intermediate_act_fn): GELUActivation()
          )
          (output): BertOutput(
            (dense): Linear(in_features=3072, out_features=768, bias=True)
            (LayerNorm): LayerNorm((768,), eps=1e-12, elementwise_affine=True)
            (dropout): Dropout(p=0.1, inplace=False)
          )
        )
      )
    )
    (pooler): BertPooler(
      (dense): Linear(in_features=768, out_features=768, bias=True)
      (activation): Tanh()
    )
  )
```

코드 5.2의 출력 결과 및 그림 5.16의 트랜스포머에서 BERT 구현 개요도를 사용해 이후 설명합니다.

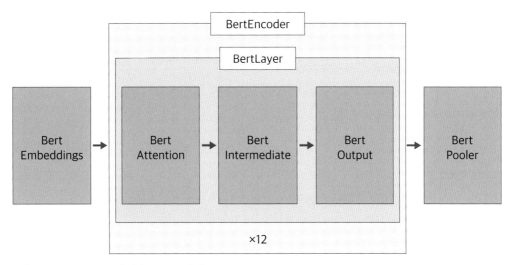

그림 5.16 Transformers에서의 BERT 구현 개요

먼저 BertEmbeddings 클래스를 사용해 삽입 벡터를 만듭니다.

BertEmbeddings

• 소스 코드

URL https://bit.ly/3EjGbO4

여기에서는 단어의 삽입 벡터 word_embeddings, 단어의 문장 안에서의 위치를 나타내는 삽입 벡터 position_embeddings, 입력이 여러 문장인 경우 어느 문장인가를 나타내는 token_type_embeddings의 3개의 삽입 벡터가 더해집니다.

그 후에 인코더에 대응하는 BertEncoder 클래스가 있습니다.

BertEncoder

• 소스 코드

URL https://bit.ly/3ZkQwld

BERT에서는 트랜스포머의 인코더만 사용하므로 디코더에 대응하는 클래스는 없습니다.

BertEncoder 안에는 여러 BertLayer 클래스 층이 들어 있습니다. 그리고 BertLayer 클래스 안에서는 BertAttention, BertIntermediate, BertOutput 클래스가 들어 있습니다.

BertAttention은 트랜스포머에서 어텐션 처리를 수행하는 부분입니다. 트랜스포머의 인코더가 사용되므로 셀프 어텐션이 구현됩니다. 그 안에서 쿼리, 키, 값 계산을 수행합니다. 실제로 query, key, value라고 기술되어 있습니다.

그리고 뉴런을 무작위로 비활성화하는 드롭아웃도 구현되어 있습니다. 이를 통해 과학습 Overfitting 문제를 줄일 수 있습니다. 과학습이란 기계 학습에서 모델이 학습 데이터에 너무 맞춰져서, 학습 데이터에 대해서는 높은 성능을 보이지만 새로운 데이터에 대해서는 제대로 일반화하지 못하는 현상을 말합니다.

그리고 트랜스포머의 위치별 완전 연결 순방향 신경망에 해당하는 것이 BertIntermediate와 BertOutput입니다. 이 2개로 2층의 신경망으로 되어 있습니다. 여기에서는 층 안의 데이터의 쏠림을 막는 LayerNorm과 드롭아웃 등도 수행됩니다.

이런 BertLayer가 12번 반복됩니다.

그리고 BertModel 가장 마지막에 BertPooler 클래스가 있습니다.

BertPooler

- 소스 코드

    URL https://bit.ly/3YXOdWy

이 클래스는 전결합층과 활성화 함수인 Tanh를 포함하고 있으며 클래스 분류 등의 태스크에 대처하기 위해 제공됩니다.

이상과 같이 라이브러리인 Transformers에서 BERT가 구현됩니다.

5.3.3 BERT 설정

BertConfig 클래스를 사용해 모델 설정을 확인합니다.

BertConfig

• 문서

    URL https://huggingface.co/docs/transformers/v4.26.0/en/model_doc/
        bert#transformers.BertConfig

• 소스 코드

    URL https://bit.ly/3KkMwwt

코드 5.3은 BertConfig를 임포트하고, 모델 설정을 가져와서 표시합니다.

코드 5.3 BertConfig 확인

In

```
from transformers import BertConfig

config = BertConfig.from_pretrained("bert-base-uncased")
print(config)
```

Out

```
BertConfig {
  "architectures": [
    "BertForMaskedLM"
  ],
  "attention_probs_dropout_prob": 0.1,
  "classifier_dropout": null,
  "gradient_checkpointing": false,
  "hidden_act": "gelu",
  "hidden_dropout_prob": 0.1,
  "hidden_size": 768,
  "initializer_range": 0.02,
  "intermediate_size": 3072,
  "layer_norm_eps": 1e-12,
  "max_position_embeddings": 512,
  "model_type": "bert",
  "num_attention_heads": 12,
  "num_hidden_layers": 12,
  "pad_token_id": 0,
  "position_embedding_type": "absolute",
  "transformers_version": "4.26.0",
  "type_vocab_size": 2,
  "use_cache": true,
  "vocab_size": 30522
}
```

코드 5.3을 실행한 결과 다양한 설정이 표시됩니다.

드롭아웃에서 뉴런을 비활성화하는 확률인 attention_probs_dropout_prob, classifier_dropout, hidden_dropout_prob와 은닉층의 크기인 hidden_size, 단어의 수인 vocab_size 등 다양한 설정이 표시됩니다.

그리고 type_vocab_size라는 설정이 있습니다. 이것은 세그먼트 수입니다. 예를 들어 앞뒤 2개의 문장으로 구성된 입력이라면 세그먼트 수는 2가 됩니다.

intermediate_size는 3072이므로 앞에서 설명한 BertIntermediate의 뉴런 수는 3072가 됩니다.

그 밖에 다양한 설정을 이 클래스를 사용해 확인할 수 있습니다.

이상으로 라이브러리 Transformers에서 BERT의 구현에 관한 요점을 설명했습니다. 흥미가 있는 분은 꼭 소스코드 전체를 읽어보기 바랍니다.

5.4 | 연습

5장의 연습입니다.

4.3절에서 다루었던 다음 2개의 BERT 모델의 구조를, 5.3절에서 다룬 BertModel의 구조와 비교해봅시다.

> ○ BertForMaskedLM
>
> ○ BertForNextSentencePrediction

5.4.1 라이브러리 설치

코드 5.4 Transformers 설치

In

```
!pip install transformers==4.26.0
```

5.4.2 BertForMaskedLM의 구조

코드 5.5를 실행하면 BertForMaskedLM의 구조가 표시됩니다.

5.3절에서 다루었던 BertModel과 비교해 구조의 차이를 확인합시다.

코드 5.5 BetForMaskedLM의 구조

In

```
from transformers import BertForMaskedLM

bert_model = BertForMaskedLM.from_pretrained("bert-base-uncased") # 훈련 완료 매개
변수 불러오기
print(bert_model)
```

5.4.3 BertForNextSentencePrediction의 구조

코드 5.6을 실행하면 BertFornextSentencePrediction의 구조가 표시됩니다.

여기에서도 BertModel과 구조가 어떻게 다른지 확인해봅시다.

코드 5.6 BertForNextSentencePrediction의 구조

In

```
from transformers import BertForNextSentencePrediction


bert_model = BertForNextSentencePrediction.from_pretrained("bert-base-uncased")
# 훈련 완료 매개변수 불러오기
print(bert_model)
```

5.5 | 정리

이번 장에서는 가장 먼저 BERT의 전체 이미지에 관해 설명했습니다. 그 뒤, BERT의 기반이 되는 트랜스포머, 그리고 트랜스포머의 기반이 되는 어텐션에 관해 설명했습니다. 마지막으로 라이브러리 Transformers에서 BERT의 구현을 확인했습니다. BERT의 메커니즘에 관해 이해할 수 있었을 것입니다.

6장에서는 이 책에서 지금까지 학습한 내용을 바탕으로 파인 튜닝을 시도합니다. 훈련 완료 모델을 각 태스크에 맞춰 조정하고, 활용할 수 있게 될 것입니다.

CHAPTER

6

파인 튜닝 활용

이번 장에서는 파인 튜닝을 사용해 BERT 모델을 특정 태스크에 적합하게 만드는 방법에 관해 설명합니다. 기존 훈련 완료 모델에 추가로 훈련을 수행해, BERT를 다양한 목적으로 활용할 수 있게 될 것입니다.

이번 장에서는 다음 내용을 다룹니다.

○ 전이 학습과 파인 튜닝	○ 파인 튜닝을 사용한 감정 분석
○ 간단한 파인 튜닝	○ 연습

이번 장에서는 가장 먼저 전이 학습과 파인 튜닝의 개념에 관해 설명합니다. 그 뒤, 최소한의 구현으로 파인 튜닝을 구현합니다. 마지막으로 이를 바탕으로 파인 튜닝으로 사용자의 감정을 분석합니다.

이번 장을 학습함으로써 파인 튜닝의 개념을 파악하고 구현할 수 있게 됩니다. 목적한 태스크에 맞춰 BERT 모델을 조정할 수 있을 것입니다.

6.1 | 전이 학습과 파인 튜닝

전이 학습과 파인 튜닝을 사용하면 기존의 뛰어난 학습 완료 모델을 손쉽게 목적한 태스크에 맞출 수 있게 되어, 범용성이 높고 유용한 기법입니다.

이번 절에서는 이 전이 학습과 파인 튜닝에 관한 개요를 설명합니다. 먼저 전이 학습이 무엇인지 설명한 뒤 파인 튜닝과 비교합니다.

6.1.1 전이 학습이란?

전이 학습Transfer Learning(TL)은 어떤 영역(도메인)에서 학습한 모델을 다른 영역에 적용합니다. 이를 통해 많은 데이터를 손에 넣는 영역에서 학습시킨 모델을 적은 데이터밖에 없는 영역에 적용하거나, 시뮬레이션 환경에 훈련한 모델을 구현에 적용시킬 수 있습니다.

예를 들어 손에 넣은 데이터의 수가 적어 모델을 훈련하기에 충분하지 않은 경우라도, 전이 학습을 사용하면 모델을 훈련할 수 있습니다. 실제 상황에서는 실험 횟수를 겹치는 것이 어려운 영역에서도 시뮬레이터에 수차례 훈련을 반복해 많은 데이터를 얻은 상황에서 실제 상황에 조정할 수도 있습니다.

사실 여러 태스크에는 공통적인 특징이 존재합니다. 전이 학습은 이 점을 이용해서 다른 모델에서 파악한 특징을 다른 모델에 적용하게 됩니다.

전이 학습에서 기존에 학습이 완료된 모델은 '특징 추출기'로 사용됩니다. 특징 추출기의 매개변수는 업데이트하지 않습니다. 특징 추출기는 모델의 초기 계층에 위치하며 저수준의 특징을 추출하며, 상위 계층을 교체하거나 추가하면서 새로운 작업에 필요한 고수준의 추상적인 특징까지 학습하게 됩니다. 이때 상위 계층의 일부 매개변수를 변경되면서 학습을 수행합니다. 즉, 입력에 가까운 부분의 가중치를 고정하고 출력에 가까운 부분만 학습하게 되며, 이를 통해 기존 모델을 새로운 영역에 적용할 수 있게 됩니다.

전이 학습에는 다양한 장점이 있습니다. 먼저 학습 시간 단축을 들 수 있습니다. 딥러닝에는 긴 시간이 걸리는 경우가 많습니다. 기존 학습 모델을 특징 추출에 이용함으로써 학습 시간을 크게 단축할 수 있습니다.

그리고 전이 학습에서는 데이터 수집을 위한 수고를 덜 수 있습니다. 딥러닝으로 무언가 태스크를 수행할 때는 데이터를 수집하는 데 큰 수고가 듭니다. 하지만 학습 완료 모델을 기반으로 하면 추가하는 데이터가 적어도 정확도가 좋은 모델을 훈련시킬 수 있습니다.

그리고 기존의 우수한 모델을 사용할 수 있는 장점도 있습니다. 막대한 데이터와 많은 시행 착오를 통해 확립된 기존 모델의 특징 추출 능력을 사용할 수 있으므로, 처음부터 모델을 구축하는 것도 성능이 좋은 모델을 구축할 수 있는 경우가 많습니다.

이처럼 전이 학습은 범용성이 높은 실무상 이점이 있으므로 최근 큰 주목을 받고 있습니다.

6.1.2 전이 학습과 파인 튜닝

여기에서 전이 학습 및 전이 학습과 비슷한 기법인 파인 튜닝Fine-tuning을 비교합니다. 그림 6.1에 전이 학습과 파인 튜닝을 비교해 나타냈습니다.

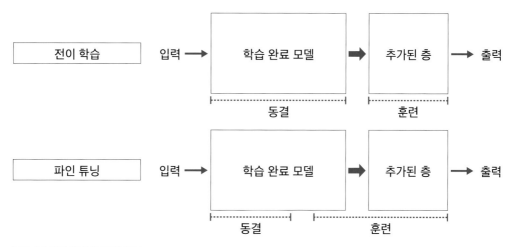

그림 6.1 전이 학습과 파인 튜닝

두 기법 모두 학습 완료 모델에 입력을 넣고, 추가 또는 변경된 층에서 출력이 나옵니다.

전이 학습에서는 추가된 층만 훈련하고, 학습 완료 모델은 '동결'합니다. 동결이란 매개변수를 고정하고 훈련하지 않는 것을 의미합니다.

이에 비해 파인 튜닝에서는 학습 완료 모델 일부도 추가로 훈련합니다. 훈련하는 것은 추가된 층과 학습 완료 모델의 일부이며, 나머지는 동결합니다. 경우에 따라서는 학습 완료 모델 전부를 추가로 훈련시키기도 합니다. 파인 튜닝은 전이 학습보다 학습하는 매개변수 수가 많아지지만, 특정한 태스크에 대해 적응시키기 더 쉬워집니다. 이 책에서 다루는 것은 파인 튜닝입니다.

그리고 전이 학습과 파인 튜닝의 정의는 문선에 따라 약간의 차이가 있으므로 주의하십시오. 전이 학습과 파인 튜닝을 합쳐 전이 학습이라 부르는 경우도 많습니다.

6.2 | 간단한 파인 튜닝

이번 절에서는 최소한의 코드로 파인 튜닝을 구현합니다. 사전 학습 완료 모델에 몇 차례 추가로 훈련을 수행하고, 실제로 매개변수가 변화하는 것을 확인합시다.

6.2.1 라이브러리 설치

이번에도 라이브러리인 Transformers를 설치합니다(코드 6.1).

코드 6.1 라이브러리인 Transformers 설치

In

```
!pip install transformers==4.26.0
```

Out

```
Looking in indexes: https://pypi.org/simple, https://us-python.pkg.dev/colab-
wheels/public/simple/
Collecting transformers
 Downloading transformers-4.26.1-py3-none-any.whl (6.3 MB)
━━━━━━━━━━━━━━━━━━━━━━━━━━━━ 6.3/6.3 MB 29.1 MB/s eta 0:00:00
Requirement already satisfied: tqdm>=4.27 in /usr/local/lib/python3.8/dist-
packages (from transformers) (4.64.1)
Requirement already satisfied: requests in /usr/local/lib/python3.8/dist-packages
(from transformers) (2.25.1)
Requirement already satisfied: packaging>=20.0 in /usr/local/lib/python3.8/dist-
packages (from transformers) (23.0)
Requirement already satisfied: numpy>=1.17 in /usr/local/lib/python3.8/dist-
packages (from transformers) (1.21.6)
Requirement already satisfied: pyyaml>=5.1 in /usr/local/lib/python3.8/dist-
packages (from transformers) (6.0)
Collecting huggingface-hub<1.0,>=0.11.0
```

```
Downloading huggingface_hub-0.12.1-py3-none-any.whl (190 kB)
━━━━━━━━━━━━━━━━━━━━━━━━━━━ 190.3/190.3 KB 15.2 MB/s eta 0:00:00
Collecting tokenizers!=0.11.3,<0.14,>=0.11.1
  Downloading  tokenizers-0.13.2-cp38-cp38-manylinux_2_17_x86_64.manylinux2014_
x86_64.whl (7.6 MB)
━━━━━━━━━━━━━━━━━━━━━━━━━━━ 7.6/7.6 MB 45.2 MB/s eta 0:00:00
Requirement already satisfied: regex!=2019.12.17 in /usr/local/lib/python3.8/dist-
packages (from transformers) (2022.6.2)
Requirement already satisfied: filelock in /usr/local/lib/python3.8/dist-packages
(from transformers) (3.9.0)
Requirement already satisfied: typing-extensions>=3.7.4.3 in /usr/local/lib/
python3.8/dist-packages (from huggingface-hub<1.0,>=0.11.0->transformers) (4.5.0)
Requirement already satisfied: urllib3<1.27,>=1.21.1 in /usr/local/lib/python3.8/
dist-packages (from requests->transformers) (1.24.3)
Requirement already satisfied: chardet<5,>=3.0.2 in /usr/local/lib/python3.8/dist-
packages (from requests->transformers) (4.0.0)
Requirement already satisfied: certifi>=2017.4.17 in /usr/local/lib/python3.8/
dist-packages (from requests->transformers) (2022.12.7)
Requirement already satisfied: idna<3,>=2.5 in /usr/local/lib/python3.8/dist-
packages (from requests->transformers) (2.10)
Installing collected packages: tokenizers, huggingface-hub, transformers
Successfully  installed  huggingface-hub-0.12.1  tokenizers-0.13.2
transformers-4.26.1
```

6.2.2 모델 불러오기

코드 6.2에서는 transformers인 BertForSequenceClassification을 사용해서 사전 학습 완료 모델을 불러옵니다.

BertForSequenceClassification은 텍스트 분류 태스크에 사용할 수 있습니다. return_dict를 True로 설정했으므로, 결과를 딕셔너리로 반환하게 됩니다.

이 모델이 가지고 있는 state_dict( )는 각 매개변수가 저장된 딕셔너리입니다. 가중치나 편향 등의 매개변수가 저장되어 있습니다. 딕셔너리이므로 keys( )를 통해 키의 목록을 얻을 수 있습니다.

실행하면 사전 학습 완료 모델을 다운로드하며, 모델이 가지고 있는 각 층의 매개변수의 키가
표시됩니다.

코드 6.2 BertForSequenceClassification 모델 불러오기

In

```
from transformers import BertForSequenceClassification


sc_model = BertForSequenceClassification.from_pretrained("bert-base-uncased",
return_dict=True)
print(sc_model.state_dict().keys())
```

Out

```
Downloading (…)lve/main/config.json: 100% 570/570 [00:00<00:00, 17.5kB/s]
Downloading pytorch_model.bin: 100% 440M/440M [00:01<00:00, 288MB/s]
Some weights of the model checkpoint at bert-base-uncased were not used when
initializing BertForSequenceClassification: ['cls.seq_relationship.bias', 'cls.
predictions.transform.LayerNorm.weight', 'cls.predictions.transform.LayerNorm.
bias', 'cls.predictions.transform.dense.bias', 'cls.seq_relationship.weight',
'cls.predictions.decoder.weight', 'cls.predictions.transform.dense.weight', 'cls.
predictions.bias']
- This IS expected if you are initializing BertForSequenceClassification from the
checkpoint of a model trained on another task or with another architecture (e.g.
initializing a BertForSequenceClassification model from a BertForPreTraining
model).
- This IS NOT expected if you are initializing BertForSequenceClassification from
the checkpoint of a model that you expect to be exactly identical (initializing a
BertForSequenceClassification model from a BertForSequenceClassification model).
Some weights of BertForSequenceClassification were not initialized from the model
checkpoint at bert-base-uncased and are newly initialized: ['classifier.weight',
'classifier.bias']
You should probably TRAIN this model on a down-stream task to be able to use it for
predictions and inference.
odict_keys(['bert.embeddings.position_ids', 'bert.embeddings.word_embeddings.
weight', 'bert.embeddings.position_embeddings.weight', 'bert.embeddings.token_
type_embeddings.weight', 'bert.embeddings.LayerNorm.weight', 'bert.embeddings.
LayerNorm.bias', 'bert.encoder.layer.0.attention.self.query.weight', 'bert.
```

encoder.layer.0.attention.self.query.bias', 'bert.encoder.layer.0.attention.
self.key.weight', 'bert.encoder.layer.0.attention.self.key.bias', 'bert.encoder.
layer.0.attention.self.value.weight', 'bert.encoder.layer.0.attention.self.
value.bias', 'bert.encoder.layer.0.attention.output.dense.weight', 'bert.encoder.
layer.0.attention.output.dense.bias', 'bert.encoder.layer.0.attention.output.
LayerNorm.weight', 'bert.encoder.layer.0.attention.output.LayerNorm.bias', 'bert.
encoder.layer.0.intermediate.dense.weight', 'bert.encoder.layer.0.intermediate.
dense.bias', 'bert.encoder.layer.0.output.dense.weight', 'bert.encoder.
layer.0.output.dense.bias', 'bert.encoder.layer.0.output.LayerNorm.weight',
'bert.encoder.layer.0.output.LayerNorm.bias', 'bert.encoder.layer.1.attention.
self.query.weight', 'bert.encoder.layer.1.attention.self.query.bias', 'bert.
encoder.layer.1.attention.self.key.weight', 'bert.encoder.layer.1.attention.
self.key.bias', 'bert.encoder.layer.1.attention.self.value.weight', 'bert.
encoder.layer.1.attention.self.value.bias', 'bert.encoder.layer.1.attention.
output.dense.weight', 'bert.encoder.layer.1.attention.output.dense.bias', 'bert.
encoder.layer.1.attention.output.LayerNorm.weight', 'bert.encoder.
layer.1.attention.output.LayerNorm.bias', 'bert.encoder.layer.1.intermediate.
dense.weight', 'bert.encoder.layer.1.intermediate.dense.bias', 'bert.encoder.
layer.1.output.dense.weight', 'bert.encoder.layer.1.output.dense.bias', 'bert.
encoder.layer.1.output.LayerNorm.weight', 'bert.encoder.layer.1.output.
LayerNorm.bias', 'bert.encoder.layer.2.attention.self.query.weight', 'bert.
encoder.layer.2.attention.self.query.bias', 'bert.encoder.layer.2.attention.
self.key.weight', 'bert.encoder.layer.2.attention.self.key.bias', 'bert.encoder.
layer.2.attention.self.value.weight', 'bert.encoder.layer.2.attention.self.
value.bias', 'bert.encoder.layer.2.attention.output.dense.weight', 'bert.encoder.
layer.2.attention.output.dense.bias', 'bert.encoder.layer.2.attention.output.
LayerNorm.weight', 'bert.encoder.layer.2.attention.output.LayerNorm.bias', 'bert.
encoder.layer.2.intermediate.dense.weight', 'bert.encoder.layer.2.intermediate.
dense.bias', 'bert.encoder.layer.2.output.dense.weight', 'bert.encoder.
layer.2.output.dense.bias', 'bert.encoder.layer.2.output.LayerNorm.weight',
'bert.encoder.layer.2.output.LayerNorm.bias', 'bert.encoder.layer.3.attention.
self.query.weight', 'bert.encoder.layer.3.attention.self.query.bias', 'bert.
encoder.layer.3.attention.self.key.weight', 'bert.encoder.layer.3.attention.
self.key.bias', 'bert.encoder.layer.3.attention.self.value.weight', 'bert.
encoder.layer.3.attention.self.value.bias', 'bert.encoder.layer.3.attention.
output.dense.weight', 'bert.encoder.layer.3.attention.output.dense.bias', 'bert.

encoder.layer.3.attention.output.LayerNorm.weight', 'bert.encoder.
layer.3.attention.output.LayerNorm.bias', 'bert.encoder.layer.3.intermediate.
dense.weight', 'bert.encoder.layer.3.intermediate.dense.bias', 'bert.encoder.
layer.3.output.dense.weight', 'bert.encoder.layer.3.output.dense.bias', 'bert.
encoder.layer.3.output.LayerNorm.weight', 'bert.encoder.layer.3.output.
LayerNorm.bias', 'bert.encoder.layer.4.attention.self.query.weight', 'bert.
encoder.layer.4.attention.self.query.bias', 'bert.encoder.layer.4.attention.
self.key.weight', 'bert.encoder.layer.4.attention.self.key.bias', 'bert.encoder.
layer.4.attention.self.value.weight', 'bert.encoder.layer.4.attention.self.
value.bias', 'bert.encoder.layer.4.attention.output.dense.weight', 'bert.encoder.
layer.4.attention.output.dense.bias', 'bert.encoder.layer.4.attention.output.
LayerNorm.weight', 'bert.encoder.layer.4.attention.output.LayerNorm.bias', 'bert.
encoder.layer.4.intermediate.dense.weight', 'bert.encoder.layer.4.intermediate.
dense.bias', 'bert.encoder.layer.4.output.dense.weight', 'bert.encoder.
layer.4.output.dense.bias', 'bert.encoder.layer.4.output.LayerNorm.weight',
'bert.encoder.layer.4.output.LayerNorm.bias', 'bert.encoder.layer.5.attention.
self.query.weight', 'bert.encoder.layer.5.attention.self.query.bias', 'bert.
encoder.layer.5.attention.self.key.weight', 'bert.encoder.layer.5.attention.
self.key.bias', 'bert.encoder.layer.5.attention.self.value.weight', 'bert.
encoder.layer.5.attention.self.value.bias', 'bert.encoder.layer.5.attention.
output.dense.weight', 'bert.encoder.layer.5.attention.output.dense.bias', 'bert.
encoder.layer.5.attention.output.LayerNorm.weight', 'bert.encoder.
layer.5.attention.output.LayerNorm.bias', 'bert.encoder.layer.5.intermediate.
dense.weight', 'bert.encoder.layer.5.intermediate.dense.bias', 'bert.encoder.
layer.5.output.dense.weight', 'bert.encoder.layer.5.output.dense.bias', 'bert.
encoder.layer.5.output.LayerNorm.weight', 'bert.encoder.layer.5.output.
LayerNorm.bias', 'bert.encoder.layer.6.attention.self.query.weight', 'bert.
encoder.layer.6.attention.self.query.bias', 'bert.encoder.layer.6.attention.
self.key.weight', 'bert.encoder.layer.6.attention.self.key.bias', 'bert.encoder.
layer.6.attention.self.value.weight', 'bert.encoder.layer.6.attention.self.
value.bias', 'bert.encoder.layer.6.attention.output.dense.weight', 'bert.encoder.
layer.6.attention.output.dense.bias', 'bert.encoder.layer.6.attention.output.
LayerNorm.weight', 'bert.encoder.layer.6.attention.output.LayerNorm.bias', 'bert.
encoder.layer.6.intermediate.dense.weight', 'bert.encoder.layer.6.intermediate.
dense.bias', 'bert.encoder.layer.6.output.dense.weight', 'bert.encoder.
layer.6.output.dense.bias', 'bert.encoder.layer.6.output.LayerNorm.weight',

'bert.encoder.layer.6.output.LayerNorm.bias', 'bert.encoder.layer.7.attention.
self.query.weight', 'bert.encoder.layer.7.attention.self.query.bias', 'bert.
encoder.layer.7.attention.self.key.weight', 'bert.encoder.layer.7.attention.
self.key.bias', 'bert.encoder.layer.7.attention.self.value.weight', 'bert.
encoder.layer.7.attention.self.value.bias', 'bert.encoder.layer.7.attention.
output.dense.weight', 'bert.encoder.layer.7.attention.output.dense.bias', 'bert.
encoder.layer.7.attention.output.LayerNorm.weight', 'bert.encoder.
layer.7.attention.output.LayerNorm.bias', 'bert.encoder.layer.7.intermediate.
dense.weight', 'bert.encoder.layer.7.intermediate.dense.bias', 'bert.encoder.
layer.7.output.dense.weight', 'bert.encoder.layer.7.output.dense.bias', 'bert.
encoder.layer.7.output.LayerNorm.weight', 'bert.encoder.layer.7.output.
LayerNorm.bias', 'bert.encoder.layer.8.attention.self.query.weight', 'bert.
encoder.layer.8.attention.self.query.bias', 'bert.encoder.layer.8.attention.
self.key.weight', 'bert.encoder.layer.8.attention.self.key.bias', 'bert.encoder.
layer.8.attention.self.value.weight', 'bert.encoder.layer.8.attention.self.
value.bias', 'bert.encoder.layer.8.attention.output.dense.weight', 'bert.encoder.
layer.8.attention.output.dense.bias', 'bert.encoder.layer.8.attention.output.
LayerNorm.weight', 'bert.encoder.layer.8.attention.output.LayerNorm.bias', 'bert.
encoder.layer.8.intermediate.dense.weight', 'bert.encoder.layer.8.intermediate.
dense.bias', 'bert.encoder.layer.8.output.dense.weight', 'bert.encoder.
layer.8.output.dense.bias', 'bert.encoder.layer.8.output.LayerNorm.weight',
'bert.encoder.layer.8.output.LayerNorm.bias', 'bert.encoder.layer.9.attention.
self.query.weight', 'bert.encoder.layer.9.attention.self.query.bias', 'bert.
encoder.layer.9.attention.self.key.weight', 'bert.encoder.layer.9.attention.
self.key.bias', 'bert.encoder.layer.9.attention.self.value.weight', 'bert.
encoder.layer.9.attention.self.value.bias', 'bert.encoder.layer.9.attention.
output.dense.weight', 'bert.encoder.layer.9.attention.output.dense.bias', 'bert.
encoder.layer.9.attention.output.LayerNorm.weight', 'bert.encoder.
layer.9.attention.output.LayerNorm.bias', 'bert.encoder.layer.9.intermediate.
dense.weight', 'bert.encoder.layer.9.intermediate.dense.bias', 'bert.encoder.
layer.9.output.dense.weight', 'bert.encoder.layer.9.output.dense.bias', 'bert.
encoder.layer.9.output.LayerNorm.weight', 'bert.encoder.layer.9.output.
LayerNorm.bias', 'bert.encoder.layer.10.attention.self.query.weight', 'bert.
encoder.layer.10.attention.self.query.bias', 'bert.encoder.layer.10.attention.
self.key.weight', 'bert.encoder.layer.10.attention.self.key.bias', 'bert.encoder.
layer.10.attention.self.value.weight', 'bert.encoder.layer.10.attention.self.

```
value.bias', 'bert.encoder.layer.10.attention.output.dense.weight', 'bert.
encoder.layer.10.attention.output.dense.bias', 'bert.encoder.layer.10.attention.
output.LayerNorm.weight', 'bert.encoder.layer.10.attention.output.LayerNorm.
bias', 'bert.encoder.layer.10.intermediate.dense.weight', 'bert.encoder.layer.10.
intermediate.dense.bias', 'bert.encoder.layer.10.output.dense.weight', 'bert.
encoder.layer.10.output.dense.bias', 'bert.encoder.layer.10.output.LayerNorm.
weight', 'bert.encoder.layer.10.output.LayerNorm.bias', 'bert.encoder.layer.11.
attention.self.query.weight', 'bert.encoder.layer.11.attention.self.query.bias',
'bert.encoder.layer.11.attention.self.key.weight', 'bert.encoder.layer.11.
attention.self.key.bias', 'bert.encoder.layer.11.attention.self.value.weight',
'bert.encoder.layer.11.attention.self.value.bias', 'bert.encoder.layer.11.
attention.output.dense.weight', 'bert.encoder.layer.11.attention.output.dense.
bias', 'bert.encoder.layer.11.attention.output.LayerNorm.weight', 'bert.encoder.
layer.11.attention.output.LayerNorm.bias', 'bert.encoder.layer.11.intermediate.
dense.weight', 'bert.encoder.layer.11.intermediate.dense.bias', 'bert.encoder.
layer.11.output.dense.weight', 'bert.encoder.layer.11.output.dense.bias', 'bert.
encoder.layer.11.output.LayerNorm.weight', 'bert.encoder.layer.11.output.
LayerNorm.bias', 'bert.pooler.dense.weight', 'bert.pooler.dense.bias',
'classifier.weight', 'classifier.bias'])
```

BERT의 각 층이 가진 가중치나 편향 등의 매개변수의 키 목록을 표시합니다. 이 키들을 사용해 실제로 각 매개변수를 얻을 수 있습니다.

6.2.3 최적화 알고리즘

여기에서는 최적화 알고리즘으로 AdamW를 사용합니다. AdamW는 자주 사용되는 최적화 알고리즘인 Adam에 가중치 감쇠Weight Decay에 관한 식을 변경한 것입니다. 가중치 감쇠란 모델의 가중치weight가 너무 커지지 않도록 제한해서 모델을 정규화하는 방법입니다.

다음은 AdamW의 원 논문입니다.

Decoupled Weight Decay Regularization

· Decoupled Weight Decay Regularization

　URL　https://arxiv.org/abs/1711.05101

AdamW를 사용하면 보다 효율적으로 매개변수를 최적화할 수 있습니다. 실제로 BERT의 피인 튜닝 코드에서는 자주 AdamW를 사용하므로, 여기에서는 최적화 알고리즘으로 AdamW를 채용합니다.

파이토치는 AdamW를 제공합니다. 코드 6.3과 같이 torch.optim에서 AdamW를 임포트할 수 있습니다.

코드 6.3 최적화 알고리즘 AdamW 설정

In

```
from torch.optim import AdamW

optimizer = AdamW(sc_model.parameters(), lr=1e-5) # lr은 학습 계수
```

6.2.4 토크나이저 설정

BertTokenizer를 사용해 문장을 단어로 분할하고 ID로 변환합니다.

BertForSequenceClassification 모델 훈련 시에는 입력 외에 어텐션 마스크Attention Mask를 전달해야 합니다. BertTokenizer를 사용하면 이를 얻을 수 있습니다.

어텐션 마스크는 단어에 마스크를 씌워 인식하지 못하도록 하기 위해 사용합니다. 여기에서는 모든 값이 1이 되므로 인식하지 못하는 단어는 없습니다.

코드 6.4에서는 I love baseball.과 I hate baseball.이라는 2개의 문장을 제공합니다. 각각 긍정적인 문장과 부정적인 문장입니다. 이 2개의 문장을 사용해 여기에서는 모델의 파인 튜닝을 수행합니다.

이 두 문장은 tokenizer에 전달되어 토큰화됩니다. 그리고 그 결과인 단어의 ID와 어텐션 마스크를 표시합니다.

코드 6.4 토크나이저 설정

In

```
from transformers import BertTokenizer

tokenizer = BertTokenizer.from_pretrained("bert-base-uncased")
sentences = ["I love baseball.", "I hate baseball."]
tokenized = tokenizer(sentences, return_tensors="pt", padding=True,
truncation=True)
```

```
    print(tokenized)

    x = tokenized["input_ids"]
    attention_mask = tokenized["attention_mask"]
```

Out

```
    Downloading (…)solve/main/vocab.txt: 100% 232k/232k [00:00<00:00, 1.96MB/s]
    Downloading (…)okenizer_config.json: 100% 28.0/28.0 [00:00<00:00, 689B/s]

    {'input_ids': tensor([[ 101, 1045, 2293, 3598, 1012,  102],
        [ 101, 1045, 5223, 3598, 1012,  102]]), 'token_type_ids': tensor([[0, 0, 0, 0, 0, 0],
        [0, 0, 0, 0, 0, 0]]), 'attention_mask': tensor([[1, 1, 1, 1, 1, 1],
        [1, 1, 1, 1, 1, 1]])}
```

코드 6.4를 실행한 결과 단어의 ID인 input_ids와 문장 타입인 token_type_ids, attention_mask가 표시됩니다.

attention_mask는 전부 1이므로 마스크를 씌우지 않은 것임을 확인할 수 있습니다. 만약 마스크를 씌운다면 1이 아닌 0이 됩니다.

6.2.5 간단한 파인 튜닝

사전 훈련 완료 모델에 대해 파인 튜닝을 수행합니다.

코드 6.5에서는 먼저 sc_model.train( )을 사용해 모델을 훈련 모드로 합니다.

다음은 정답을 준비합니다. 여기에서는 torch.tensor([1,0])을 사용해 두 문장의 정답을 각각 1, 0으로 설정합니다. 긍정적인 문장 I love baseball.에는 라벨 1을 붙이고, 부정적인 문장 I hate baseball.에는 라벨 0을 붙입니다

이렇게 긍정적인가 부정적인가로 문장을 분류하는 태스크가 됩니다. 이 문제에 대응하기 위해 파인 튜닝을 수행하게 됩니다. 여기에서는 훈련 데이터에 2개의 문장만 사용하므로, 훈련을 충분히 수행할 수 없습니다. 하지만 파인 튜닝 구현을 파악하기 위한 것이므로 동작을 확인해봅니다.

weight_record라는 리스트에는 매개변수의 변경 이력을 기록합니다. 모델 안의 하나의 매개변

수를 꺼내, 훈련이 진행되면서 해당 변수가 어떻게 변화하는지 확인하기 위해 기록합니다.

여기에서는 for 문을 사용해 모델을 100번 훈련합니다. 먼저 모델을 사용해 문장 분류를 위한 예측을 수행합니다. 인수로 단어의 ID를 넣은 입력 x와 attention_mask를 전달합니다. 문장을 분류할 때는 attention_mask도 전달해야 합니다. 그리고 여기에서는 층을 동결하지 않고 모든 층을 추가로 훈련합니다.

그리고 얻은 예측 결과 y.logits와 정답 t로부터 오차를 계산합니다. 여기에서는 오차 함수에 분류 문제에서 자주 사용되는 교차 엔트로피 오차 F.cross_entropy를 사용합니다.

그 뒤, loss.backward()를 사용해 역전파를 수행합니다. 역전파를 사용해 각 매개변수의 경사가 계산됩니다. 그리고 optimizer.step()을 사용해 최적화 알고리즘과 계산된 경사에 기반해 각 매개변수가 업데이트 됩니다.

변경된 매개변수 값은 모델로부터 state_dict()를 사용해 얻을 수 있습니다. 이 경우에는 여기에서 "bert.encoder.layer.11.output.dense.weight"를 지정해, 인코더의 11번째 가중치를 하나 취득합니다. 취득한 값은 기록합니다.

이것을 반복함으로써 매개변수가 훈련과 함께 변화하는지 확인할 수 있습니다.

코드 6.5 간단한 파인 튜닝 구현

In

```python
import torch
from torch.nn import functional as F # 활성화 함수
import matplotlib.pyplot as plt

sc_model.train()
t = torch.tensor([1,0]) # 정답

weight_record = [] # 가중치 기록

for i in range(100): # 100번 훈련
    y = sc_model(x, attention_mask=attention_mask) # 예측
    loss = F.cross_entropy(y.logits, t) # 교차 엔트로피 오차
    loss.backward() # 역전파를 통해 경사를 계산
    optimizer.step() # 매개변수 업데이트
    weight = sc_model.state_dict()["bert.encoder.layer.11.output.dense.weight"][0]
```

```
    [0].item()
    weight_record.append(weight) # 기록

plt.plot(range(len(weight_record)), weight_record)
plt.xlabel("Iteration")
plt.ylabel("Loss")
plt.show()
```

Out

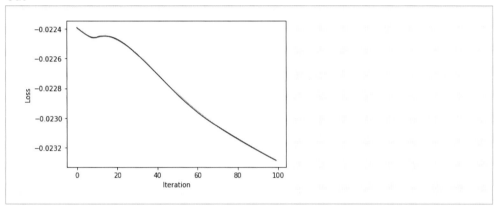

코드 6.5를 실행하면 결과가 표시됩니다. 그래프에서 훈련이 진행됨에 따라 가중치가 점점 변화하는 모습을 확인할 수 있습니다. 추가 훈련에 따라 가중치가 조정되는 모습을 확인했습니다.

이번 절에서는 최소한의 코드로 파인 튜닝을 구현했습니다. 기존 훈련 완료 모델에 대해 추가 훈련을 수행하고, 실제로 매개변수가 변화하는 것을 확인했습니다.

6.3 | 파인 튜닝을 사용한 감정 분석

파인 튜닝을 활용해 문장의 감정을 판별할 수 있도록 모델을 훈련합니다.

6.3.1 라이브러리 설치

Transformers 및 자연어 처리 라이브러리인 nlp를 설치합니다(코드 6.6). 여기에서는 이 nlp를 사용해 훈련 데이터를 입수합니다. 그리고 nlp와 의존 관계에 있는 라이브러리인 dill 의 버전을 조정해야 합니다.

코드 6.6 필요한 라이브러리 설치

In

```
!pip install transformers==4.26.0
!pip install nlp==0.4.0 dill==0.3.5.1
```

Out

```
Looking in indexes: https://pypi.org/simple, https://us-python.pkg.dev/colab-
wheels/public/simple/
Collecting transformers==4.26.0
 Downloading transformers-4.26.0-py3-none-any.whl (6.3 MB)
                             ━━━━━━━━ 6.3/6.3 MB 46.3 MB/s eta 0:00:00
Collecting tokenizers!=0.11.3,<0.14,>=0.11.1
  Downloading tokenizers-0.13.2-cp38-cp38-manylinux_2_17_x86_64.manylinux2014_
x86_64.whl (7.6 MB)
                             ━━━━━━━━ 7.6/7.6 MB 64.8 MB/s eta 0:00:00
Requirement already satisfied: tqdm>=4.27 in /usr/local/lib/python3.8/dist-
packages (from transformers==4.26.0) (4.64.1)
Requirement already satisfied: requests in /usr/local/lib/python3.8/dist-packages
(from transformers==4.26.0) (2.25.1)
Requirement already satisfied: packaging>=20.0 in /usr/local/lib/python3.8/dist-
packages (from transformers==4.26.0) (23.0)
```

Requirement already satisfied: pyyaml>=5.1 in /usr/local/lib/python3.8/dist-packages (from transformers==4.26.0) (6.0)

Requirement already satisfied: numpy>=1.17 in /usr/local/lib/python3.8/dist-packages (from transformers==4.26.0) (1.22.4)

Requirement already satisfied: regex!=2019.12.17 in /usr/local/lib/python3.8/dist-packages (from transformers==4.26.0) (2022.6.2)

Requirement already satisfied: filelock in /usr/local/lib/python3.8/dist-packages (from transformers==4.26.0) (3.9.0)

Collecting huggingface-hub<1.0,>=0.11.0

  Downloading huggingface_hub-0.12.1-py3-none-any.whl (190 kB)

━━━━━━━━━━━━━━━━━━━━━━━━━━━━━━━━ 190.3/190.3 KB 13.4 MB/s eta 0:00:00

Requirement already satisfied: typing-extensions>=3.7.4.3 in /usr/local/lib/python3.8/dist-packages (from huggingface-hub<1.0,>=0.11.0->transformers==4.26.0) (4.5.0)

Requirement already satisfied: certifi>=2017.4.17 in /usr/local/lib/python3.8/dist-packages (from requests->transformers==4.26.0) (2022.12.7)

Requirement already satisfied: idna<3,>=2.5 in /usr/local/lib/python3.8/dist-packages (from requests->transformers==4.26.0) (2.10)

Requirement already satisfied: urllib3<1.27,>=1.21.1 in /usr/local/lib/python3.8/dist-packages (from requests->transformers==4.26.0) (1.24.3)

Requirement already satisfied: chardet<5,>=3.0.2 in /usr/local/lib/python3.8/dist-packages (from requests->transformers==4.26.0) (4.0.0)

Installing collected packages: tokenizers, huggingface-hub, transformers

Successfully installed huggingface-hub-0.12.1 tokenizers-0.13.2 transformers-4.26.0

Looking in indexes: https://pypi.org/simple, https://us-python.pkg.dev/colab-wheels/public/simple/

Collecting nlp==0.4.0

  Downloading nlp-0.4.0-py3-none-any.whl (1.7 MB)

━━━━━━━━━━━━━━━━━━━━━━━━━━━━━━━━ 1.7/1.7 MB 26.4 MB/s eta 0:00:00

Collecting dill==0.3.5.1

  Downloading dill-0.3.5.1-py2.py3-none-any.whl (95 kB)

━━━━━━━━━━━━━━━━━━━━━━━━━━━━━━━━ 95.8/95.8 KB 10.0 MB/s eta 0:00:00

Collecting xxhash

  Downloading xxhash-3.2.0-cp38-cp38-manylinux_2_17_x86_64.manylinux2014_x86_64.whl (213 kB)

```
━━━━━━━━━━━━━━━━━━━━━━━━━━ 213.0/213.0 KB 23.4 MB/s eta 0:00:00
Requirement already satisfied: tqdm>=4.27 in /usr/local/lib/python3.8/dist-
packages (from nlp==0.4.0) (4.64.1)
Requirement already satisfied: pyarrow>=0.16.0 in /usr/local/lib/python3.8/dist-
packages (from nlp==0.4.0) (9.0.0)
Requirement already satisfied: requests>=2.19.0 in /usr/local/lib/python3.8/dist-
packages (from nlp==0.4.0) (2.25.1)
Requirement already satisfied: pandas in /usr/local/lib/python3.8/dist-packages
(from nlp==0.4.0) (1.3.5)
Requirement already satisfied: filelock in /usr/local/lib/python3.8/dist-packages
(from nlp==0.4.0) (3.9.0)
Requirement already satisfied: numpy in /usr/local/lib/python3.8/dist-packages
(from nlp==0.4.0) (1.22.4)
Requirement already satisfied: chardet<5,>=3.0.2 in /usr/local/lib/python3.8/dist-
packages (from requests>=2.19.0->nlp==0.4.0) (4.0.0)
Requirement already satisfied: urllib3<1.27,>=1.21.1 in /usr/local/lib/python3.8/
dist-packages (from requests>=2.19.0->nlp==0.4.0) (1.24.3)
Requirement already satisfied: certifi>=2017.4.17 in /usr/local/lib/python3.8/
dist-packages (from requests>=2.19.0->nlp==0.4.0) (2022.12.7)
Requirement already satisfied: idna<3,>=2.5 in /usr/local/lib/python3.8/dist-
packages (from requests>=2.19.0->nlp==0.4.0) (2.10)
Requirement already satisfied: python-dateutil>=2.7.3 in /usr/local/lib/python3.8/
dist-packages (from pandas->nlp==0.4.0) (2.8.2)
Requirement already satisfied: pytz>=2017.3 in /usr/local/lib/python3.8/dist-
packages (from pandas->nlp==0.4.0) (2022.7.1)
Requirement already satisfied: six>=1.5 in /usr/local/lib/python3.8/dist-packages
(from python-dateutil>=2.7.3->pandas->nlp==0.4.0) (1.15.0)
Installing collected packages: xxhash, dill, nlp
 Attempting uninstall: dill
 Found existing installation: dill 0.3.6
 Uninstalling dill-0.3.6:
 Successfully uninstalled dill-0.3.6
Successfully installed dill-0.3.5.1 nlp-0.4.0 xxhash-3.2.0
```

6.3.2 모델과 토크나이저 불러오기

사전 학습 완료 모델 및 이와 연결된 토크나이저를 불러옵니다(코드 6.7). 여기에서도 BertForSequenceClassification을 사용해 문장을 분류합니다. 그리고 토크나이저에 BertTokenizerFast를 사용합니다. 이것은 고속으로 동작하는 간단한 토크나이저입니다.

코드 6.7 기본 토크나이저 불러오기

In

```
from transformers import BertForSequenceClassification, BertTokenizerFast

sc_model = BertForSequenceClassification.from_pretrained("bert-base-uncased")
tokenizer = BertTokenizerFast.from_pretrained("bert-base-uncased")
```

Out

```
Downloading (…)lve/main/config.json: 100% 570/570 [00:00<00:00, 15.8kB/s]
Downloading (…)"pytorch_model.bin";: 100% 440M/440M [00:01<00:00, 270MB/s]
Some weights of the model checkpoint at bert-base-uncased were not used when
initializing BertForSequenceClassification: ['cls.predictions.transform.
LayerNorm.weight', 'cls.predictions.transform.dense.bias', 'cls.seq_relationship.
bias', 'cls.seq_relationship.weight', 'cls.predictions.transform.dense.weight',
'cls.predictions.transform.LayerNorm.bias', 'cls.predictions.decoder.weight',
'cls.predictions.bias']
- This IS expected if you are initializing BertForSequenceClassification from the
checkpoint of a model trained on another task or with another architecture (e.g.
initializing a BertForSequenceClassification model from a BertForPreTraining
model).
- This IS NOT expected if you are initializing BertForSequenceClassification from
the checkpoint of a model that you expect to be exactly identical (initializing a
BertForSequenceClassification model from a BertForSequenceClassification model).
Some weights of BertForSequenceClassification were not initialized from the model
checkpoint at bert-base-uncased and are newly initialized: ['classifier.weight',
'classifier.bias']
You should probably TRAIN this model on a down-stream task to be able to use it for
predictions and inference.
Downloading (…)okenizer_config.json: 100% 28.0/28.0 [00:00<00:00, 559B/s]
Downloading (…)solve/main/vocab.txt: 100% 232k/232k [00:00<00:00, 907kB/s]
```

6.3.3 데이터셋 불러오기

라이브러리인 nlp를 사용해서 IMDb 데이터셋을 불러옵니다. IMDb 데이터셋은 25,000개의 영화 리뷰 코멘트에, 긍정적/부정적인 감정을 나타내는 라벨을 부여한 감정 분석용 데이터셋입니다

IMDb 데이터셋

- IMDb Non-Commercial Datasets

  URL https://www.imdb.com/interfaces/

호의적인 리뷰에는 1, 부정적인 리뷰에는 0이라는 라벨이 붙어 있습니다. 이 데이터셋을 사용해 여기에서는 감정 분석을 수행합니다.

코드 6.8에서는 먼저 nlp의 load_dataaset을 임포트합니다.

그 뒤, tokenize( )라는 함수를 설정합니다. 여기서 받은 batch라는 인수로부터 문장을 꺼내 토큰화합니다.

그리고 load_dataset으로 IMDb 데이터셋을 불러옵니다. "train"을 지정해 훈련 데이터, "test[:20%]"를 지정해 테스트 데이터를 각각 불러옵니다. 이 경우 테스트 데이터의 20%를 검증용으로 사용합니다. 이것은 테스트 데이터 전체를 사용하면 검증에 시간이 걸리기 때문입니다. 훈련용 데이터에는 train_data라는 변수명, 검증용 데이터에는 eval_data라는 변수명을 붙여둡니다.

여기에서 호의적인 코멘트의 예와 부정적인 코멘트의 예를 하나씩 표시해, 어떤 데이터셋인지 확인합니다.

코드 6.8 데이터셋 불러오기

In

```
from nlp import load_dataset


def tokenize(batch):
    return tokenizer(batch["text"], padding=True, truncation=True)
```

```
train_data, eval_data = load_dataset("imdb", split=["train", "test[:20%]"])

print(train_data["label"][0], train_data["text"][0]) # 호의적인 코멘트
print(train_data["label"][20000], train_data["text"][20000]) # 부정적인 코멘트
```

Out

```
Downloading: 100% 4.56k/4.56k [00:00<00:00, 127kB/s]
Downloading: 100% 2.07k/2.07k [00:00<00:00, 125kB/s]


Downloading and preparing dataset imdb/plain_text (download: 80.23 MiB, generated:
127.06 MiB, post-processed: Unknown sizetotal: 207.28 MiB) to /root/.cache/
huggingface/datasets/imdb/plain_text/1.0.0/76cdbd7249ea3548c928bbf304258dab44d09
cd3638d9da8d42480d1d1be3743...


Downloading: 100% 84.1M/84.1M [00:08<00:00, 17.4MB/s]


Dataset imdb downloaded and prepared to /root/.cache/huggingface/datasets/imdb/
plain_text/1.0.0/76cdbd7249ea3548c928bbf304258dab44d09cd3638d9da8d42480d1d1
be3743. Subsequent calls will reuse this data.
1 Bromwell High is a cartoon comedy. It ran at the same time as some other programs
about school life, such as "Teachers". My 35 years in the teaching profession lead me
to believe that Bromwell High's satire is much closer to reality than is "Teachers".
The scramble to survive financially, the insightful students who can see right
through their pathetic teachers' pomp, the pettiness of the whole situation, all
remind me of the schools I knew and their students. When I saw the episode in which a
student repeatedly tried to burn down the school, I immediately recalled .........
at ......... High. A classic line: INSPECTOR: I'm here to sack one of your teachers.
STUDENT: Welcome to Bromwell High. I expect that many adults of my age think that
Bromwell High is far fetched. What a pity that it isn't!
0 This movie tries hard, but completely lacks the fun of the 1960s TV series, that I am
sure people do remember with fondness. Although I am 17, I watched some of the series
on YouTube a long time ago and it was enjoyable and fun. Sadly, this movie does little
justice to the series.<br /><br />The special effects are rather substandard, and
this wasn't helped by the flat camera-work. The script also was dull and lacked any
sense of wonder and humour. Other films with under-par scripting are Home Alone 4, Cat
in the Hat, Thomas and the Magic Railroad and Addams Family Reunion.<br /><br />Now
```

I will say I liked the idea of the story, but unfortunately it was badly executed and ran out of steam far too early, and I am honestly not sure for this reason this is something for the family to enjoy. And I was annoyed by the talking suit, despite spirited voice work from Wayne Knight.

But the thing that angered me most about this movie was that it wasted the talents of Christopher Lloyd, Jeff Daniels and Daryl Hannah, all very talented actors. Jeff Daniels has pulled off some good performances before, but he didn't seem to have a clue what he was supposed to be doing, and Elizabeth Hurley's character sadly came across as useless. Daryl Hannah is a lovely actress and generally ignored, and I liked the idea of her being the love interest, but sadly you see very little of her,(not to mention the Monster attack is likely to scare children than enthrall them) likewise with Wallace Shawn as some kind of government operative. Christopher Lloyd acquits himself better, and as an actor I like Lloyd a lot(he was in two of my favourite films Clue and Who Framed Roger Rabbit, and I am fond of Back To The Future) but he was given little to work with, and had a tendency to overact quite wildly.

Overall, as much I wanted to like this movie, I was left unimpressed. Instead of being fun, it came across as pointless, and that is a shame because it had a lot of potential, with some talented actors and a good idea, but wasted with poor execution. 1/10 Bethany Cox

코드 6.8을 실행하면 데이터셋을 불러오기 시작합니다.

불러오기가 완료되면 1이라는 라벨과 함께 다음과 같은 호의적인 코멘트가 표시됩니다.

Bromwell High is a cartoon comedy. It ran at the same time as some other programs about school life, such as "Teachers". My 35 years in the teaching profession lead me to believe that Bromwell High's satire is much closer to reality than is "Teachers". (이하 생략)

그리고 0이라는 라벨과 함께 다음과 같은 부정적인 코멘트가 표시됩니다.

This movie tries hard, but completely lacks the fun of the 1960s TV series, that I am sure people do remember with fondness. Although I am 17, I watched some of the series on YouTube a long time ago and it was enjoyable and fun.(이하 생략)

이렇게 긍정적인 평가가 붙은 리뷰와 부정적인 평가가 붙은 리뷰가 데이터셋에 총 25,000개 저장되어 있습니다. 이 데이터셋을 사용해 사전 학습 완료 모델에 대해 파인 튜닝을 수행합니다.

6.3.4 데이터 전처리

데이터셋에 대해 필요한 처리를 수행합니다.

코드 6.9에서는 먼저 train_data에 대해 map( ) 메서드를 사용해 처리를 수행합니다. map( ) 메서드를 사용하면 각 요소에 대해 각각 처리를 수행할 수 있습니다. 앞의 tokenize( ) 함수를 사용해서 형식을 정리합니다. 이 경우 배치 크기를 훈련 데이터 전체 크기로 설정해서 한 번에 처리합니다.

그리고 set_format( ) 메서드를 사용해 포맷을 정리합니다. 각 열(칼럼)을 설정합니다. 이 경우 "input_ids", "attention_mask", "label"의 3개 열을 설정합니다. 이 순서로 열이 배열됩니다. 그리고 여기에서는 파이토치 형식으로 데이터를 취급하므로 "torch"를 지정합니다.

평가용 데이터인 eval_data도 마찬가지로 토큰화해서 포맷을 정리합니다.

코드 6.9 데이터 전처리

In

```
train_data = train_data.map(tokenize, batched=True, batch_size=len(train_data))
train_data.set_format("torch", columns=["input_ids", "attention_mask", "label"])

eval_data = eval_data.map(tokenize, batched=True, batch_size=len(eval_data))
eval_data.set_format("torch", columns=["input_ids", "attention_mask", "label"])
```

Out

```
100% 1/1 [01:05<00:00, 65.06s/it]
100% 1/1 [00:11<00:00, 11.11s/it]
```

6.3.5 평가용 함수

sklearn.metrics를 사용해 모델의 성능을 평가하기 위한 함수를 정의합니다.

코드 6.10에서는 sklearn.metrics의 accuracy_score를 사용합니다. 이것은 이름 그대로 정확도를 평가하기 위한 함수입니다.

코드 6.10에서는 모델을 평가하는 함수 compute_metrics( )가 정의되어 있습니다. 이 함수에서는 먼저 받은 결과 result로부터 라벨의 ID를 꺼내 labels로 합니다.

그리고 result로부터 예측 결과를 꺼내고 argmax(-1)을 사용해 그 안에서 값이 가장 큰 인덱스를 꺼내, 모델의 예측 결과인 preds로 추출합니다. 값이 가장 큰 위치의 인덱스이므로 앞에서 0, 1, 2, …로 세어 몇 번째 요소의 값이 가장 큰가를 나타냅니다.

그리고 이 labels와 preds 사이에서 accuracy_score를 사용해 정확도를 계산합니다. labels와 preds의 값이 일치하면 정답이고, 일치하지 않으면 오답이 됩니다. acc에는 정답을 맞춘 비율이 들어갑니다.

compute_metrics() 함수는 이 acc의 값을 반환합니다.

코드 6.10 평가용 함수

In

```
from sklearn.metrics import accuracy_score

def compute_metrics(result):
    labels = result.label_ids
    preds = result.predictions.argmax(-1)
    acc = accuracy_score(labels, preds)
    return {
        "accuracy": acc,
    }
```

6.3.6 TrainingArguments 설정

TrainingArguments 클래스는 하이퍼파라미터 설정에 사용합니다. 모델 훈련에는 다양한 하이퍼파라미터를 사용합니다. TrainingArguments는 이 매개변수들을 종합합니다.

코드 6.11은 TrainingArguments 클래스를 설명하는 문서입니다. 이 클래스에 관한 자세한 내용은 다음 URL의 문서에 기재되어 있습니다. 흥미가 있는 분은 꼭 읽어보십시오.

TrainingArguments

· Hugging Face | TrainingArguments

 URL https://huggingface.co/transformers/main_classes/trainer.html#trainingarguments

코드 6.11에서는 이 클래스를 사용해 다양한 설정을 수행합니다. 각 설정의 의미에 관해서는 주석으로 간단히 설명했습니다.

훈련 시의 배치 크기는 per_device_train_batch-size입니다. 여기에서는 메모리에 충돌crash이 발생하지 않도록 8이라는 작은 값으로 설정했습니다.

학습 계수는 0부터 시작해 warmup_steps의 단계 값에 따라 최대값에 도달하게 됩니다. 이렇게 학습 계수는 일정할 필요는 없습니다. 0부터 시작해 점점 증가하는 설정도 가능합니다. 그리고 가중치 감쇠율은 이전 절에서 설명한 AdamW로 설정합니다. BERT의 원 논문에는 warmup_steps와 가중치 감쇠에 관해 자세히 설명되어 있습니다.

그 밖에도 다양한 설정이 가능합니다. 자세한 내용은 위 공식 문서를 참조하십시오.

코드 6.11 TrainingArguments 설정
In

```python
from transformers import TrainingArguments

training_args = TrainingArguments(
    output_dir = "./results", # 결과를 저장할 디렉터리
    logging_dir = "./logs", # 경과 로그를 기록할 디렉터리
    num_train_epochs = 1, # 에포크 수
    per_device_train_batch_size = 8, # 훈련 시 배치 크기
    per_device_eval_batch_size = 32, # 평가 시 배치 크기
    warmup_steps=500, # 학습 계수가 이 단계 수로 점점 증가
    weight_decay=0.01, # 가중치 감쇠율
    evaluation_strategy = "steps" # 훈련 중 일정 단계마다 계산
)
```

6.3.7 Trainer 설정

Transformers에서는 Trainer라는 매우 편리한 클래스를 제공합니다. 이것을 사용하면 매우 짧은 코드만으로 모델을 훈련할 수 있습니다. 물론, 파인 튜닝도 간단하게 수행할 수 있습니다.

코드 6.12는 Trainer 클래스를 설명하는 문서입니다. 이 클래스에 관한 자세한 내용은 다음 URL의 문서에 기재되어 있으므로, 흥미가 있는 분은 꼭 읽어보십시오.

Trainer

• Hugging Face | Trainer

URL https://huggingface.co/transformers/main_classes/trainer.html

코드 6.12에서는 Trainer 클래스에 다양한 설정을 수행해 트레이너를 작성합니다.

먼저 모델에 코드 6.7에 불러온 모델인 sc_model을 지정합니다. 그 뒤, Training Arguments 평가용 함수, 훈련용 데이터, 평가용 데이터를 설정합니다.

이렇게 추가로 훈련을 수행하기 위한 설정을 여기에서 수행하게 됩니다. 그 밖에도 다양한 설정이 가능합니다. 자세한 내용에 관해서는 앞의 공식 문서를 참조하십시오.

코드 6.12 Trainer 설정
In
```
from transformers import Trainer

trainer = Trainer(
    model = sc_model,  # 사용하는 모델을 지정
    args = training_args,  # TrainingArguments 설정
    compute_metrics = compute_metrics,  # 평가용 함수
    train_dataset = train_data,  # 훈련용 데이터
    eval_dataset = eval_data  # 평가용 데이터
)
```

6.3.8 모델 훈련

설정에 기반해 모델을 추가로 훈련합니다.

여기에서도 층은 동결하지 않고 모든 층을 추가로 훈련합니다.

모델 훈련은 매우 간단한 코드로 시작할 수 있습니다. 코드 6.13에서는 trainer.train()을 사용해 훈련을 시작합니다.

훈련에 필요한 시간은 그 시점의 환경에 따라 달라지나, 대략 30분 정도 소요됩니다.

코드 6.13 모델 훈련
In
```
trainer.train()
```

Out
```
/usr/local/lib/python3.8/dist-packages/transformers/optimization.py:306:
```

```
FutureWarning: This implementation of AdamW is deprecated and will be removed in a
future version. Use the pytorch implementation torch.optim.AdamW instead, or set
`no_deprecation_warning=True` to disable this warning
  warnings.warn(
***** Running training *****
 Num examples = 25000
 Num Epochs = 1
 Instantaneous batch size per device = 8
 Total train batch size (w. parallel, distributed & accumulation) = 8
 Gradient Accumulation steps = 1
 Total optimization steps = 3125
 Number of trainable parameters = 109483778


 [3125/3125 58:28, Epoch 1/1]
 Step  Training Loss  Validation   Loss Accuracy
 ------------------------------------------------

 500   0.435100       0.598037     0.808600
 1000  0.368000       0.251877     0.912200
 1500  0.316800       0.128754     0.953600
 2000  0.292600       0.275405     0.929000
 2500  0.267100       0.166476     0.950400
 3000  0.238400       0.216717     0.935200


***** Running Evaluation *****
  Num examples = 5000
  Batch size = 32
Saving model checkpoint to ./results/checkpoint-500
Configuration saved in ./results/checkpoint-500/config.json
Model weights saved in ./results/checkpoint-500/pytorch_model.bin
***** Running Evaluation *****
  Num examples = 5000
  Batch size = 32
Saving model checkpoint to ./results/checkpoint-1000
Configuration saved in ./results/checkpoint-1000/config.json
Model weights saved in ./results/checkpoint-1000/pytorch_model.bin
***** Running Evaluation *****
```

```
 Num examples = 5000
 Batch size = 32
Saving model checkpoint to ./results/checkpoint-1500
Configuration saved in ./results/checkpoint-1500/config.json
Model weights saved in ./results/checkpoint-1500/pytorch_model.bin
***** Running Evaluation *****
 Num examples = 5000
 Batch size = 32
Saving model checkpoint to ./results/checkpoint-2000
Configuration saved in ./results/checkpoint-2000/config.json
Model weights saved in ./results/checkpoint-2000/pytorch_model.bin
***** Running Evaluation *****
 Num examples = 5000
 Batch size = 32
Saving model checkpoint to ./results/checkpoint-2500
Configuration saved in ./results/checkpoint-2500/config.json
Model weights saved in ./results/checkpoint-2500/pytorch_model.bin
***** Running Evaluation *****
 Num examples = 5000
 Batch size = 32
Saving model checkpoint to ./results/checkpoint-3000
Configuration saved in ./results/checkpoint-3000/config.json
Model weights saved in ./results/checkpoint-3000/pytorch_model.bin
Training completed. Do not forget to share your model on huggingface.co/models =)
TrainOutput(global_step=3125, training_loss=0.3183743896484375, metrics={'train_
runtime': 3511.5415, 'train_samples_per_second': 7.119, 'train_steps_per_second':
0.89, 'total_flos': 6577776384000000.0, 'train_loss': 0.3183743896484375, 'epoch':
1.0})
```

코드를 실행하면 학습이 진행됩니다. 학습 단계가 진행됨에 따라 훈련 시 손실$^{\text{Training Loss}}$이 점점 감소합니다. 평가 시 손실$^{\text{Validation Loss}}$와 정확도^{Accuracy}는 어느 정도 향상한 시점에서 꺾이는(포화되는) 경향을 보입니다.

6.3.9 모델 평가

Trainer의 evaluate( ) 메서드를 사용해 모델을 평가합니다.

코드 6.14와 같이 Trainer의 evaluate( ) 메서드로 모델을 평가할 수 있습니다.

코드 6.14 모델 평가

In

```
trainer.evaluate()
```

Out

```
***** Running Evaluation *****
 Num examples = 5000
 Batch size = 32

 [157/157 02:53]
{'eval_loss': 0.19694030284881592,
 'eval_accuracy': 0.9388,
 'eval_runtime': 174.9204,
 'eval_samples_per_second': 28.584,
 'eval_steps_per_second': 0.898,
 'epoch': 1.0}
```

실행하면 평가 결과가 표시됩니다. 평가용 데이터를 사용해 측정한 손실(eval_loss)와 정확도 (eval_accuracy) 등이 표시됩니다.

약 94%라는 높은 정확도로 사용자의 감정을 판정할 수 있는 모델을 훈련시켰습니다.

6.4 | 연습

6장의 연습입니다. 6.3절의 감정 분석 코드를 기반으로 합니다. 특징 추출기의 매개변수를 동결하고, 분류기의 매개변수만 추가로 훈련시킵니다.

그리고 동결을 수행하지 않은 경우와 비교해 정확도가 어떻게 변하는지 확인해 봅시다.

6.4.1 라이브러리 설치

코드 6.15 필요한 라이브러리 설치

In

```
!pip install transformers==4.26.0
!pip install nlp==0.4.0 dill==0.3.5.1
```

6.4.2 모델과 토크나이저 불러오기

코드 6.16 모델과 토크나이저 불러오기

In

```
from transformers import BertForSequenceClassification, BertTokenizerFast

sc_model = BertForSequenceClassification.from_pretrained("bert-base-uncased")
tokenizer = BertTokenizerFast.from_pretrained("bert-base-uncased")
```

6.4.3 층 동결

코드 6.16에 코드를 입력하고 특징 추출기의 매개변수를 동결해 훈련시킬 수 없도록 합니다. 그리고 분류기의 매개변수는 동결할 수 있도록 설정합니다.

매개변수를 동결하기 위해서는 requires_grad 속성을 False로 설정합니다. 그리고 훈련할 수 있게 하려면 requires_grad 속성을 True로 설정합니다(코드 6.17).

코드 6.17 특징 추출기 매개변수 동결

In

```
# 특징량 추출
for param in sc_model.bert.parameters():
  param.requires_grad = # ← 여기에 코드를 입력한다


# 분류기
for param in sc_model.classifier.parameters():
  param.requires_grad = # ← 여기에 코드를 입력한다
```

그리고 BERT 모델은 기본적으로 모든 매개변수의 requires_grad 속성이 True로 설정되어 있으므로, 일반적으로 다시 True로 설정할 필요는 없습니다.

6.4.4 데이터셋 불러오기

코드 6.18 데이터셋 불러오기

```
from nlp import load_dataset


def tokenize(batch):
    return tokenizer(batch["text"], padding=True, truncation=True)


train_data, eval_data = load_dataset("imdb", split=["train", "test[:20%]"])
```

6.4.5 데이터 전처리

코드 6.19 데이터 전처리

In

```
train_data = train_data.map(tokenize, batched=True, batch_size=len(train_data))
train_data.set_format("torch", columns=["input_ids", "attention_mask", "label"])

eval_data = eval_data.map(tokenize, batched=True, batch_size=len(eval_data))
eval_data.set_format("torch", columns=["input_ids", "attention_mask", "label"])
```

6.4.6 평가용 함수

코드 6.20 평가용 함수

In

```python
from sklearn.metrics import accuracy_score

def compute_metrics(result):
    labels = result.label_ids
    preds = result.predictions.argmax(-1)
    acc = accuracy_score(labels, preds)
    return {
        "accuracy": acc,
    }
```

6.4.7 TrainingArguments 설정

코드 6.21 TrainingArguments 설정

In

```python
from transformers import TrainingArguments

training_args = TrainingArguments(
    output_dir = "./results", # 결과를 저장할 디렉터리
    logging_dir = "./logs", # 도중 경과 로그를 저장할 디렉터리
    num_train_epochs = 1, # 에포크 수
    per_device_train_batch_size = 8, # 훈련 시 배치 크기
    per_device_eval_batch_size = 32, # 평가 시 배치 크기
    warmup_steps=500, # 학습 계수가 이 단계 수로 점점 증가
    weight_decay=0.01, # 가중치 감쇠율
    evaluation_strategy = "steps" # 훈련 중 일정 단계별로 평가
)
```

6.4.8 Trainer 설정

코드 6.22 Trainer 설정

In

```python
from transformers import Trainer
```

```
trainer = Trainer(
    model = sc_model,  # 사용하는 모델 지정
    args = training_args,  # TrainingArguments 설정
    compute_metrics = compute_metrics,  # 평가용 함수
    train_dataset = train_data,  # 훈련용 데이터
    eval_dataset = eval_data  # 평가용 데이터
)
```

6.4.9 모델 훈련

코드 6.23 모델 훈련

In

```
trainer.train()
```

6.4.10 모델 평가

코드 6.24 모델 평가

In

```
trainer.evaluate()
```

6.4.11 해답 예

다음은 해답 예입니다(코드 6.25).

코드 6.25 해답 예: 특징 추출기의 매개변수 동결

In

```
# 특징 추출기
for param in sc_model.bert.parameters():
    param.requires_grad = False # ← 여기에 코드를 입력한다


# 분류기
for param in sc_model.classifier.parameters():
    param.requires_grad = True # ← 여기에 코드를 입력한다
```

6.5 | 정리

이번 장에서는 가장 먼저 전이 학습과 파인 튜닝의 개요에 관해 설명했습니다. 그 뒤, 최소한의 코드로 파인 튜닝을 구현하고, 매개변수가 실제로 변화하는 것을 확인했습니다. 마지막으로 파인 튜닝을 사용한 감정 분석을 구현했습니다.

이상으로 BERT의 훈련 완료 모델을 태스크에 맞춰 조정할 수 있게 되었습니다. 꼭 파인 튜닝을 다양한 태스크에 사용해보십시오.

7장에서는 일본어와 한국어 모델을 다룹니다. 일본어와 한국어로 훈련한 BERT 를 파인 튜닝해서 유용한 모델을 작성합니다.

CHAPTER

7

BERT 활용

이번 장에서는 BERT 일본어 모델과 한국어 모델을 사용해, 현실적인 문제에 도전해봅니다.

이번 장에서는 다음 내용을 다룹니다.

○ BERT 활용 예

○ BERT 일본어 모델

○ BERT 한국어 모델

○ BERT를 사용한 일본어 뉴스 분류

가장 먼저 다양한 BERT 활용 예를 설명합니다. 그리고 BERT 일본어 모델과 한국어 모델을 다루는 방법을 학습한 뒤, BERT를 사용해 일본어 뉴스 분류를 수행합니다.

이번 장의 내용을 학습함으로써 BERT를 구현에 어떻게 활용하면 좋을지에 관한 이미지를 그릴 수 있게 될 것입니다. 목적에 따라 유연하게 BERT를 다루게 될 것입니다.

7.1 | BERT 활용 예

이번 절에서는 BERT의 다양한 응용 예에 관해 소개합니다. BERT는 이미 실제 사회에서 다양한 형태로 활약을 시작했습니다.

7.1.1 검색 엔진

BERT는 이미 검색 엔진에 내장되어 있습니다.

구글은 2019년 10월 27일에 BERT를 검색 엔진에 내장할 것이라고 발표했습니다.

- Understanding searches better than ever before

  URL https://blog.google/products/search/search-language-understanding-bert

위 글에는 'Applying BERT models to Search'라는 항목이 있습니다. 검색 엔진은 구글의 근간이 되는 사업입니다. 그 사업에 이미 BERT가 도입되어 있다는 것입니다. 예를 들어 '2019 brazil traveler to usa need a visa'로 검색한 결과를 BERT 도입 전후로 비교하고 있습니다. 브라질 여행자가 미국으로 가기 위해 비자가 필요한가를 조사하고 싶을 때의 검색입니다.

검색 엔진이 사용자의 의도를 파악하는 데 특히 중요한 것은 to라는 단어와 다른 단어와의 관계입니다. 이 경우 to의 존재에 따라 브라질인이 미국으로 여행을 간다는 의미가 됩니다. 미국인이 브라질로 여행을 가는 것이 아닙니다.

BERT 등록 전, 구글의 검색 엔진은 이 관계를 이해하지 못하고 미국인의 브라질 여행에 관한 결과를 반환했습니다. 하지만 BERT를 도입함으로써 검색 엔진이 to의 역할을 파악함에 따라, 브라질인의 미국 여행에 관한 결과를 올바르게 반환할 수 있게 되었습니다.

이렇게 BERT가 검색 엔진의 성능 향상에 관해 큰 역할을 담당하고 있습니다.

7.1.2 번역

다음은 번역의 예입니다. 여기에도 구글이 발표한 기술인 Language-agnostic BERT Sentence Embedding model(LaBSE)라는 모델이 있습니다. BERT라는 용어가 포함되어 있듯, BERT를 기반으로 한 기술입니다.

- Language-Agnostic BERT Sentence Embedding
  URL https://ai.googleblog.com/2020/08/language-agnostic-bert-sentence.html

LaBSE 모델은 마스크 언어 모델Masked Language Model(MLM)과 번역 언어 모델링Translation Language Modeling(TLM)을 사용해 170억 개의 단어 구문과 60억 개의 번역문 쌍을 사전 학습한 것입니다.

이를 통해 학습 데이터가 적은 언어에도 유효한 모델입니다.

7.1.3 텍스트 분류

BERT는 텍스트 분류에도 사용됩니다. 다음은 히타치 솔루션즈Hitachi Solutions의 예입니다.

- 활용 텍스트 지적 정보 마이닝의 인공지능 엔진을 BERT로 강화해 정확도가 높은 텍스트 분류를 구현(일본어)
  URL https://www.hitachi-solutions.co.jp/company/press/news/2019/1125.html

이것은 '활용 텍스트 지적 정보 마이닝'이라는 시스템에 BERT를 도입한 사례입니다. 이것은 텍스트 분류를 할 수 있는 시스템으로, 이전부터 전문 기술자들이 사용하던 것입니다.

여기에 BERT를 도입함으로써 이 텍스트 분류 성능을 크게 향상시켰다는 뉴스가 보고되었습니다. 예를 들어 고객에게 도착한 출하 후의 제품에 관한 질문 내용으로부터, 거기에 중대한 문제가 존재할 가능성을 자동으로 판단해서, 품질이나 서비스 개선에 활용할 수 있습니다.

이렇게 실제 업무에서 BERT 활용 사례도 늘어나고 있습니다.

7.1.4 텍스트 요약

텍스트 요약에도 BERT가 사용됩니다. 긴 문장을 자동적으로 요약할 수 있다면 이제까지 사람이 담당하던 지적인 처리의 상당 부분을 AI에게 맡길 수 있게 됩니다.

BERT를 기반으로 한 대표적인 텍스트 요약 기술로 'BERTSUM'이 있습니다. BERT를 확장한 문장 요약을 위한 모델입니다.

다음에 BERTSUM을 다룬 논문 2개를 소개합니다.

- Fine-tune BERT for Extractive Summarization

    URL https://arxiv.org/abs/1903.10318

- Text Summarization with Pretrained Encoders

    URL https://arxiv.org/abs/1908.08345

그림 7.1에 두 번째 논문에 게재되어 있는 BERTSUM 모델 다이어그램을 나타냈습니다.

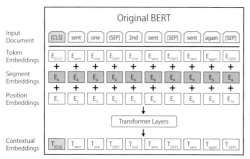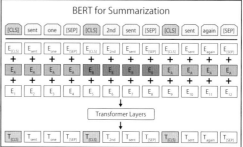

그림 7.1 BERTSUM 모델
(출처 : <Text Summarization with Pretrained Encoders>의 Figure 1에서 인용 및 작성 https://arxiv.org/abs/1908.08345)

그림 7.1의 왼쪽이 기존 BERT, 오른쪽이 BERT for Summarization, 즉 BERTSUM입니다.

두 모델의 큰 차이점 중 하나는 단어의 분산 표현을 만드는 토큰 임베딩^{Token Embeddings}의 위치입니다. 기존 BERT에서는 문장의 맨 앞에만 삽입하는 [CLS]를 BERTSUM에서는 문장의 구분에도 삽입하고 있습니다.

또 다른 차이점은 문장을 구별하기 위한 분산 표현을 만드는 세그먼트 임베딩^{Segment Embeddings}의 위치입니다. BERTSUM에서는 홀수와 짝수 문장에서 다른 라벨(A, B)을 할당합니다.

기존 BERT에서는 2개의 문장에 각각 다른 세그먼트에 할당되어 있었지만, BERTSUM에서는 긴 텍스트가 입력이 되기 때문에 홀수와 짝수 문장에서 다른 라벨을 할당하게 됩니다.

그림 7.1 오른쪽에서는 가장 처음의 문장에는 A라는 라벨이 붙고, 다음 문장에는 B라는 라벨이 붙습니다. 그리고 그 다음 문장에는 A라는 라벨이 붙습니다. 이렇게 앞에서부터 세어 홀수

번째 문장과 짝수 번째 문장에 다른 라벨이 할당됩니다.

그리고 기존 BERT에서는 인코더만 사용했지만, BERTSUM에서는 디코더도 사용합니다. 즉, 인코더-디코더 형식을 가집니다. 이 경우 인코더는 사전 학습을 수행하고 디코더는 처음부터 훈련을 수행합니다.

그 밖에 최적화 알고리즘 구현 방법 등 두 모델의 몇 가지 차이점이 있습니다. 흥미가 있는 분은 꼭 원 논문을 읽어보십시오.

BERTSUM 구현은 아래 깃허브 저장소에 공개되어 있습니다.

- BertSum
  URL https://github.com/nlpyang/BertSum

이들은 원 논문을 그대로 구현한 것입니다. README.md에 그 성능, 데이터 준비 방법, 라이브러리 다운로드 방법, 파인 튜닝 방법, 모델 평가 방법 등이 기재되어 있습니다. 이 라이브러리 사용 방법 자체는 어렵지 않으므로, 영문 요약을 수행하고 싶은 분은 시도해보기 바랍니다.

7.1.5 기타 활용 예

그 밖의 BERT 활용법에 관해 소개합니다.

BERT는 특허 분류에도 사용되고 있습니다. 구글은 다양한 국가의 1억 건 이상의 공개 특허 정보를 사용해 BERT 모델을 훈련하는 방법을 제공합니다.

- How AI, and specifically BERT, helps the patent industry
  URL https://cloud.google.com/blog/products/ai-machine-learning/how-ai-improves-
      patent-analysis?hl=en

이 글에는 BERT 등의 기술을 활용해 특허 업무를 도울 수 있는 방법 등에 관해 기재되어 있습니다. 특허를 다룰 때는, 그 특허가 어떤 분야의 것인지, 어떤 기술을 다루는지 분류해야 합니다. 이제까지는 그것만으로도 막대한 수고가 들었지만, 인공지능에게 그것을 담당하게 할 수 있다면 수고는 물론 시간도 크게 줄일 수 있습니다.

그리고 구글은 실제로 이런 기술을 사용해 기업을 도울 의사가 있음을 이 글에 게재했습니다. 향후 BERT는 특허에 관해서는 중요한 파트너가 될 가능성이 있습니다.

그리고 NTT 데이터에서는 BERT를 금융 분야용으로 특화했다는 뉴스가 보고되었습니다.

- 최첨단 언어 처리 모델인 BERT를 금융 문제용으로 특화(일본어)

  URL https://www.nttdata.com/jp/ja/data-insight/2020/101202

이 글은 챗봇을 사용해 질의 대응, 재무 정보로부터의 리스크 검출, 품의서 기재 내용 확인, 업무 일지의 정보 추출 등에 응용하고 있습니다.

금융에서 주가 등의 수치 데이터는 물론 중요하지만, 텍스트 데이터도 매우 중요합니다. 사람들의 생각, 감정, 숨겨진 사건 등을 문장에서 자동으로 추출할 수 있다면 이후의 경제 동향을 예측하는 데 도움이 됩니다.

BERT 등을 사용해 문장을 잘 분석할 수 있다면, 금융 분야에서도 AI 기술의 많은 활약을 기대할 수 있습니다.

의료 분야에서도 BERT의 활약이 기대됩니다. 차트, 의학 문서 등 막대한 문장 데이터가 축적되어 있습니다. 이들을 잘 사용함으로써 환자가 이제부터 병에 걸릴 리스크를 예측하거나, 병에 대한 새로운 치료법을 발견하는 것이 기대대고 있습니다.

의료 분야에서는 막대한 텍스트 데이터가 분석되지 않은 채 잠들어 있습니다. BERT를 활용할 수 있다면 보다 많은 환자를 도울 수 있을 것입니다.

그 밖에도 다양한 분야에서 BERT가 점점 힘을 발휘하고 있습니다. 이후에도 다양한 형태로 우리 사회를 지탱해주지는 않을까요?

7.2 | BERT 일본어 모델

일본어 BERT 모델을 불러오고 누락된 단어의 예측 및 연속한 문장 판정을 시도
해봅니다.

7.2.1 사용하는 모델과 데이터셋

이번 절에서는 일본어를 다루므로 일본어에 대응한 사전 학습 완료 모델이 필요합니다. 여기
에서는 다음 모델을 사용합니다.

- Pretrained Japanese BERT models

  URL https://github.com/cl-tohoku/bert-japanese

이 모델은 도호쿠대학 자연어 처리 연구 그룹이 만든 것입니다. 허깅 페이스의
Transformers에 내장되어 있어 다루기 쉽습니다.

그리고 위 깃허브 저장소의 README.md에는 라이브러리인 Transformers를 이용하지 않
는 사용 방법도 기재되어 있습니다.

7.2.2 라이브러리 설치

Transformers 및 훈련 데이터 로드에 사용하는 라이브러리 datasets를 설치합니다. 그리고
일본어 데이터 로드에 필요한 라이브러리 fugashi와 ipadic도 설치합니다(코드 7.1).

코드 7.1 필요한 라이브러리 설치

In

```
!pip install transformers==4.26.0
!pip install datasets==2.10.1 fugashi==1.2.1 ipadic==1.0.0
```

Out

```
Looking in indexes: https://pypi.org/simple, https://us-python.pkg.dev/colab-
wheels/public/simple/
```

```
Collecting transformers==4.26.0
  Downloading transformers-4.26.0-py3-none-any.whl (6.3 MB)
  ━━━━━━━━━━━━━━━━━━━━━━━━━━━━━ 6.3/6.3 MB 44.7 MB/s eta 0:00:00
Collecting huggingface-hub<1.0,>=0.11.0
  Downloading huggingface_hub-0.12.1-py3-none-any.whl (190 kB)
  ━━━━━━━━━━━━━━━━━━━━━━━━━━━━━ 190.3/190.3 KB 14.8 MB/s eta 0:00:00
Requirement already satisfied: filelock in /usr/local/lib/python3.8/dist-packages
(from transformers==4.26.0) (3.9.0)
Requirement already satisfied: numpy>=1.17 in /usr/local/lib/python3.8/dist-
packages (from transformers==4.26.0) (1.22.4)
Requirement already satisfied: requests in /usr/local/lib/python3.8/dist-packages
(from transformers==4.26.0) (2.25.1)
Requirement already satisfied: regex!=2019.12.17 in /usr/local/lib/python3.8/dist-
packages (from transformers==4.26.0) (2022.6.2)
Requirement already satisfied: tqdm>=4.27 in /usr/local/lib/python3.8/dist-
packages (from transformers==4.26.0) (4.64.1)
Collecting tokenizers!=0.11.3,<0.14,>=0.11.1
  Downloading tokenizers-0.13.2-cp38-cp38-manylinux_2_17_x86_64.manylinux2014_
x86_64.whl (7.6 MB)
  ━━━━━━━━━━━━━━━━━━━━━━━━━━━━━ 7.6/7.6 MB 45.9 MB/s eta 0:00:00
Requirement already satisfied: pyyaml>=5.1 in /usr/local/lib/python3.8/dist-
packages (from transformers==4.26.0) (6.0)
Requirement already satisfied: packaging>=20.0 in /usr/local/lib/python3.8/dist-
packages (from transformers==4.26.0) (23.0)
Requirement already satisfied: typing-extensions>=3.7.4.3 in /usr/local/lib/
python3.8/dist-packages (from huggingface-hub<1.0,>=0.11.0->transformers==4.26.0)
(4.5.0)
Requirement already satisfied: chardet<5,>=3.0.2 in /usr/local/lib/python3.8/dist-
packages (from requests->transformers==4.26.0) (4.0.0)
Requirement already satisfied: urllib3<1.27,>=1.21.1 in /usr/local/lib/python3.8/
dist-packages (from requests->transformers==4.26.0) (1.26.14)
Requirement already satisfied: idna<3,>=2.5 in /usr/local/lib/python3.8/dist-
packages (from requests->transformers==4.26.0) (2.10)
Requirement already satisfied: certifi>=2017.4.17 in /usr/local/lib/python3.8/
dist-packages (from requests->transformers==4.26.0) (2022.12.7)
Installing collected packages: tokenizers, huggingface-hub, transformers
```

```
Successfully installed huggingface-hub-0.12.1 tokenizers-0.13.2
transformers-4.26.0
Looking in indexes: https://pypi.org/simple, https://us-python.pkg.dev/colab-
wheels/public/simple/
Collecting datasets==2.10.1
  Downloading datasets-2.10.1-py3-none-any.whl (469 kB)
  ━━━━━━━━━━━━━━━━━━━━━━━━━━━━━━ 469.0/469.0 KB 30.8 MB/s eta 0:00:00
Collecting fugashi==1.2.1
  Downloading fugashi-1.2.1-cp38-cp38-manylinux_2_17_x86_64.manylinux2014_x86_64.
whl (615 kB)
  ━━━━━━━━━━━━━━━━━━━━━━━━━━━━━━ 615.9/615.9 KB 60.2 MB/s eta 0:00:00
Collecting ipadic==1.0.0
  Downloading ipadic-1.0.0.tar.gz (13.4 MB)
  ━━━━━━━━━━━━━━━━━━━━━━━━━━━━━━ 13.4/13.4 MB 83.3 MB/s eta 0:00:00
  Preparing metadata (setup.py) ... [?25l[?25hdone
Requirement already satisfied: tqdm>=4.62.1 in /usr/local/lib/python3.8/dist-
packages (from datasets==2.10.1) (4.64.1)
Requirement already satisfied: packaging in /usr/local/lib/python3.8/dist-packages
(from datasets==2.10.1) (23.0)
Requirement already satisfied: requests>=2.19.0 in /usr/local/lib/python3.8/dist-
packages (from datasets==2.10.1) (2.25.1)
Collecting responses<0.19
  Downloading responses-0.18.0-py3-none-any.whl (38 kB)
Collecting xxhash
  Downloading xxhash-3.2.0-cp38-cp38-manylinux_2_17_x86_64.manylinux2014_x86_64.
whl (213 kB)
  ━━━━━━━━━━━━━━━━━━━━━━━━━━━━━━ 213.0/213.0 KB 26.3 MB/s eta 0:00:00
Requirement already satisfied: fsspec[http]>=2021.11.1 in /usr/local/lib/
python3.8/dist-packages (from datasets==2.10.1) (2023.1.0)
Requirement already satisfied: aiohttp in /usr/local/lib/python3.8/dist-packages
(from datasets==2.10.1) (3.8.4)
Requirement already satisfied: pandas in /usr/local/lib/python3.8/dist-packages
(from datasets==2.10.1) (1.3.5)
Collecting multiprocess
  Downloading multiprocess-0.70.14-py38-none-any.whl (132 kB)
  ━━━━━━━━━━━━━━━━━━━━━━━━━━━━━━ 132.0/132.0 KB 18.6 MB/s eta 0:00:00
```

Requirement already satisfied: huggingface-hub<1.0.0,>=0.2.0 in /usr/local/lib/
python3.8/dist-packages (from datasets==2.10.1) (0.12.1)

Requirement already satisfied: pyarrow>=6.0.0 in /usr/local/lib/python3.8/dist-
packages (from datasets==2.10.1) (9.0.0)

Requirement already satisfied: numpy>=1.17 in /usr/local/lib/python3.8/dist-
packages (from datasets==2.10.1) (1.22.4)

Requirement already satisfied: pyyaml>=5.1 in /usr/local/lib/python3.8/dist-
packages (from datasets==2.10.1) (6.0)

Collecting dill<0.3.7,>=0.3.0

  Downloading dill-0.3.6-py3-none-any.whl (110 kB)
  ━━━━━━━━━━━━━━━━━━━━━━━━━━━━━━━ 110.5/110.5 KB 16.8 MB/s eta 0:00:00

Requirement already satisfied: frozenlist>=1.1.1 in /usr/local/lib/python3.8/dist-
packages (from aiohttp->datasets==2.10.1) (1.3.3)

Requirement already satisfied: charset-normalizer<4.0,>=2.0 in /usr/local/lib/
python3.8/dist-packages (from aiohttp->datasets==2.10.1) (3.0.1)

Requirement already satisfied: multidict<7.0,>=4.5 in /usr/local/lib/python3.8/
dist-packages (from aiohttp->datasets==2.10.1) (6.0.4)

Requirement already satisfied: attrs>=17.3.0 in /usr/local/lib/python3.8/dist-
packages (from aiohttp->datasets==2.10.1) (22.2.0)

Requirement already satisfied: yarl<2.0,>=1.0 in /usr/local/lib/python3.8/dist-
packages (from aiohttp->datasets==2.10.1) (1.8.2)

Requirement already satisfied: async-timeout<5.0,>=4.0.0a3 in /usr/local/lib/
python3.8/dist-packages (from aiohttp->datasets==2.10.1) (4.0.2)

Requirement already satisfied: aiosignal>=1.1.2 in /usr/local/lib/python3.8/dist-
packages (from aiohttp->datasets==2.10.1) (1.3.1)

Requirement already satisfied: filelock in /usr/local/lib/python3.8/dist-packages
(from huggingface-hub<1.0.0,>=0.2.0->datasets==2.10.1) (3.9.0)

Requirement already satisfied: typing-extensions>=3.7.4.3 in /usr/local/lib/
python3.8/dist-packages (from huggingface-hub<1.0.0,>=0.2.0->datasets==2.10.1)
(4.5.0)

Requirement already satisfied: urllib3<1.27,>=1.21.1 in /usr/local/lib/python3.8/
dist-packages (from requests>=2.19.0->datasets==2.10.1) (1.26.14)

Requirement already satisfied: chardet<5,>=3.0.2 in /usr/local/lib/python3.8/dist-
packages (from requests>=2.19.0->datasets==2.10.1) (4.0.0)

Requirement already satisfied: certifi>=2017.4.17 in /usr/local/lib/python3.8/
dist-packages (from requests>=2.19.0->datasets==2.10.1) (2022.12.7)

```
Requirement already satisfied: idna<3,>=2.5 in /usr/local/lib/python3.8/dist-
packages (from requests>=2.19.0->datasets==2.10.1) (2.10)
Requirement already satisfied: pytz>=2017.3 in /usr/local/lib/python3.8/dist-
packages (from pandas->datasets==2.10.1) (2022.7.1)
Requirement already satisfied: python-dateutil>=2.7.3 in /usr/local/lib/python3.8/
dist-packages (from pandas->datasets==2.10.1) (2.8.2)
Requirement already satisfied: six>=1.5 in /usr/local/lib/python3.8/dist-packages
(from python-dateutil>=2.7.3->pandas->datasets==2.10.1) (1.15.0)
Building wheels for collected packages: ipadic
  Building wheel for ipadic (setup.py) ... [?25l[?25hdone
  Created wheel for ipadic: filename=ipadic-1.0.0-py3-none-any.whl size=13556723 sh
a256=8c108596bf41b75985296591151fb4752e2a4b44460078c51ad7dcc20f474f89
  Stored in directory: /root/.cache/pip/wheels/45/b7/f5/a21e68db846eedcd00d69e37d6
0bab3f68eb20b1d99cdff652
Successfully built ipadic
Installing collected packages: ipadic, xxhash, fugashi, dill, responses,
multiprocess, datasets
Successfully installed datasets-2.10.1 dill-0.3.6 fugashi-1.2.1 ipadic-1.0.0
multiprocess-0.70.14 responses-0.18.0 xxhash-3.2.0
```

7.2.3 누락된 단어 예측

일부 단어가 누락된 일본어 문장의 누락된 단어를 BERT 모델을 사용해 예측합니다. 문장에서
단어를 1개 마스크하고 그 단어를 BERT 모델을 사용해 예측합니다.

코드 7.2에서는 BertJapaneseTokenizer를 임포트해서 사용합니다. 이것은 이름 그대로 일본어
에 대응한 토크나이저입니다. 여기에서 cl-tohoku/bert-base-japanese를 지정하고 토크나이
저를 불러옵니다.

코드 7.2 일본어에 대응한 토크나이저 불러오기

In

```
from transformers import BertJapaneseTokenizer


tokenizer = BertJapaneseTokenizer.from_pretrained("cl-tohoku/bert-base-japanese")
```

```
Downloading (…)solve/main/vocab.txt: 100% 258k/258k [00:00<00:00, 289kB/s]
Downloading (…)okenizer_config.json: 100% 104/104 [00:00<00:00, 1.07kB/s]
Downloading (…)lve/main/config.json: 100% 479/479 [00:00<00:00, 6.76kB/s]
```

여기에서는 僕は明日、野球を観戦する予定です。(나는 내일 야구를 관전할 예정입니다.)라는 일본어 문장을 사용합니다.

이 문장을 토크나이저를 사용해 단어로 분할합니다. 코드 7.3을 실행하면 문장이 단어로 분할됩니다.

코드 7.3 일본어 문장을 단어로 분할한다

In

```
text = "僕は明日、野球を観戦する予定です。"

words = tokenizer.tokenize(text)
print(words)
```

Out

```
['僕', 'は', '明日', '、', '野球', 'を', '観戦', 'する', '予定', 'です', '。']
('나', '는', '내일', ',', '야구', '를', '관전', '할', '예정', '입니다', '.')
```

단어별로 분할된 것을 확인할 수 있습니다.

그럼 문장 일부를 마스크합니다.

코드 7.4에서는 msk_idx를 4로 지정했습니다. 앞에서부터 세어 번호가 3인 위치를 지정합니다.

0, 1, 2, 3, …으로 번호를 세므로 '野球(야구)'를 마스크합니다. '野球(야구)'라는 단어를 토큰 [MASK]로 치환하게 됩니다.

이 코드를 실행하면 문장 일부가 마스크됩니다.

코드 7.4 단어를 [MASK]로 치환한다

In

```
msk_idx = 4
words[msk_idx] = "[MASK]" # 단어를 [MASK]로 치환한다
print(words)
```

Out

```
['僕', 'は', '明日', '、', '[MASK]', 'を', '観戦', 'する', '予定', 'です', '。']
('나', '는', '내일', ',', '[MASK]', '를', '관전', '할', '예정', '입니다', '.')
```

'野球(야구)'가 토큰 [MASK]로 치환된 것을 확인할 수 있습니다.

다음은 convert_tokens_to_ids( )를 사용해 단어를 나타내는 ID로 변환합니다. 그 뒤, 각 단어 ID를 torch.tensor( )를 사용해 Tensor로 변환합니다(코드 7.5).

코드 7.5 단어를 ID로 변환

In

```
import torch

word_ids = tokenizer.convert_tokens_to_ids(words) # 단어를 ID로 변환
word_tensor = torch.tensor([word_ids]) # Tensor로 변환
print(word_tensor)
```

Out

```
tensor([[ 6259, 9, 11475, 6, 4, 11, 14847, 34, 1484, 2992, 8]])
```

각 언어가 ID로 변환된 것을 확인할 수 있습니다.

다음으로 일본어 사전 학습 완료 모델을 불러옵니다.

코드 7.6에서는 누락된 단어를 예측하기 위한 BertForMaskedLM의 학습 완료 모델을 불러옵니다. 그때 cl-tohoku/bert-base-japanese를 지정해 도호쿠대학에서 작성한 일본어 BERT 모델을 불러옵니다. 여기에서는 학습을 수행하지 않으므로 .eval( )을 사용해 평가 모드로 합니다.

코드 7.6 BertForMaskedLM 모델을 불러온다

In

```
from google.colab import output
from transformers import BertForMaskedLM

msk_model = BertForMaskedLM.from_pretrained("cl-tohoku/bert-base-japanese")
msk_model.eval() # 평가 모드
output.clear() # 출력을 표시하지 않는다
```

그리고 word_tensor 변수에 입력 문장인 x를 할당합니다.

이 x를 모델 msk_model에 전달해서 예측을 수행합니다. 모델은 주어진 입력에 대해 각 위치의 토큰을 예측하고, 예측된 토큰 확률을 반환합니다. 이 출력 y는 튜플 형식이므로 여기에서 목적한 값을 얻기 위해서는 인덱스 0을 지정해서 결과를 꺼내야 합니다.

y 변수에서 첫 번째 요소(예측된 토큰 확률)은 result에 저장되며, 텐서의 형태(크기)를 일단 여기에서 표시하겠습니다(코드 7.7).

코드 7.7 모델을 사용한 예측
In
```
x = word_tensor  # 입력
y = msk_model(x)  # 예측
result = y[0]
print(result.size())  # 결과의 형태
```

Out
```
torch.Size([1, 11, 32000])
```

실행 결과 예측 결과를 담은 텐서 result의 형태가 표시됩니다. 1은 배치 크기, 11은 문장 안의 단어 수, 32000은 모델에서 다루는 단어의 수입니다.

다음으로 가능성이 높은 단어를 찾습니다(코드 7.8). torch.topk( )를 사용해 가장 가능성이 높은 단어 5개를 얻어서 ID를 단어로 변환합니다.

그 뒤, 이 단어들을 표기합니다.

코드 7.8 결과 표시
In
```
_, max_ids = torch.topk(result[0][msk_idx], k=5)  # 가장 큰 5개의 값
result_words = tokenizer.convert_ids_to_tokens(max_ids.tolist())  # ID를 단어로 변환
print(result_words)
```

Out
```
['試合', 'ワールドカップ', 'コンサート', 'オリンピック', 'サッカー']
('시합', '월드컵', '콘서트', '올림픽', '축구')
```

결과에는 試合(시합), ワールドカップ(월드컵), コンサート(콘서트), オリンピック(올림픽), サッカー(축구)가 나열되어 있습니다. '野球'(야구)는 들어 있지 않지만, 한정된 정보로부터 얻은 결과로서는 타당할 것입니다.

이상과 같이 일본어 문장에서 누락된 단어를 예측할 수 있습니다.

7.2.4 문장이 연속되어 있는지 판정

BertForNextSentencePrediction을 사용해 2개의 문장이 연속되어 있는지 판정합니다.

cl-tohoku/bert-base-japanese를 불러와서 평가 모드로 설정합니다(코드 7.9).

코드 7.9 BertForNextSentencePrediction 모델을 불러오기

In

```
from transformers import BertForNextSentencePrediction

nsp_model = BertForNextSentencePrediction.from_pretrained("cl-tohoku/bert-base-japanese")
nsp_model.eval() # 평가 모드
output.clear() # 출력을 표시하지 않는다
```

코드 7.10의 show_continuity( ) 함수를 사용해 1개 문장의 연속성을 판정합니다.

4.3절에서 설명한 함수와 동일하므로 함수 내부의 구조에 관해서는 해당 장을 참조하십시오.

코드 7.10 두 문장의 연속성을 판정하는 함수

In

```
def show_continuity(text1, text2):
    # 토큰화
    tokenized = tokenizer(text1, text2, return_tensors="pt")
    print("Tokenized:", tokenized)

    # 예측과 결과 표시
    y = nsp_model(**tokenized) # 예측
    print("Result:", y)
    pred = torch.softmax(y.logits, dim=1) # 소프트맥스 함수로 확률로 변환
    print(str(pred[0][0].item()*100) + "%의 확률로 연속됩니다.")
```

이 함수에 자연스럽게 연결되는 일본어 문장 2개를 전달합니다. 코드 7.11에서는 '野球って何 ですか?'(야구가 무엇입니까?)와 'バットでボールを打つスポーツです。'(배트로 공을 치는 스 포츠입니다.)라는 2개의 문장을 show_continuity( ) 함수로 전달했습니다.

코드 7.11 자연스럽게 연속되는 2개의 문장을 전달한다

In

```
text1 = "野球って何ですか?"
text2 = "バットでボールを打つスポーツです 。"
show_continuity(text1, text2)
```

Out

```
Tokenized: {'input_ids': tensor([[ 2, 1201, 6172, 1037, 2992, 29, 2935, 3, 10796, 12,
 3934, 11, 13033, 1784, 2992, 8, 3]]), 'token_type_ids': tensor([[0, 0, 0, 0, 0, 0, 0,
0, 1, 1, 1, 1, 1, 1, 1, 1, 1]]), 'attention_mask': tensor([[1, 1, 1, 1, 1, 1, 1, 1, 1,
1, 1, 1, 1, 1, 1, 1, 1]])}
Result: NextSentencePredictorOutput(loss=None, logits=tensor([[11.4354, 1.5651]],
grad_fn=<AddmmBackward0>), hidden_states=None, attentions=None)
99.9948263168335% 확률로 연속됩니다.
```

코드 7.11을 실행한 결과, 두 문장은 거의 100%의 확률로 연속됩니다. 올바르게 판정할 수 있 음을 알 수 있습니다.

다음으로 자연스럽게 연속되지 않는 2개의 문장을 전달합니다.

코드 7.12에서는 '野球って何ですか?'(야구는 무엇입니까?) 다음에 'パンケーキには小麦粉と 卵とミルクを使います。'(팬케이크에는 밀가루와 계란과 우유를 사용합니다.)라는 명백하게 의미가 연속되지 않는 문장을 전달했습니다.

코드 7.12 자연스럽게 연속되지 않는 2개의 문장을 전달한다

In

```
text1 = "野球って何ですか?"
text2 = "パンケーキには小麦粉と卵とミルクを使います 。"
show_continuity(text1, text2)
```

Out

```
Tokenized: {'input_ids': tensor([[ 2, 1201, 6172,   1037, 2992, 29, 2935, 3, 3469,
```

```
10274, 28580, 7, 9, 22524, 13, 4449, 13, 18262, 11, 3276, 2610, 8, 3]]), 'token_
type_ids': tensor([[0, 0, 0, 0, 0, 0, 0, 0, 1, 1, 1, 1, 1, 1, 1, 1, 1, 1, 1, 1, 1, 1,
1]]), 'attention_mask': tensor([[1, 1, 1, 1, 1, 1, 1, 1, 1, 1, 1, 1, 1, 1, 1, 1, 1, 1,
1, 1, 1, 1, 1]])}
Result: NextSentencePredictorOutput(loss=None, logits=tensor([[2.0041, 7.9830]],
grad_fn=<AddmmBackward0>), hidden_states=None, attentions=None)
0.25253056082874537%의 확률로 연속됩니다.
```

코드를 실행한 결과 연속된 확률은 약 25%로 표시되었습니다. 연결되어 있을 가능성은 낮습니다.

이상과 같이 2개의 문장이 연결되어 있는지 판정할 수 있습니다.

Transformers를 사용해 일본어 훈련 완료 모델의 동작을 확인할 수 있었습니다.

7.3 | BERT를 사용한 일본어 뉴스 분류

일본어 데이터셋으로 BERT 모델을 파인 튜닝해서 뉴스 분류를 수행합니다.

7.3.1 사용할 데이터셋

여기에서 파인 튜닝용 데이터에는 livedoor 뉴스 말뭉치(livedoorニュースコーパス)를 사용합니다. 이름 그대로 livedoor 뉴스의 과거 기사로 구성된 데이터셋입니다. livedoor 뉴스 중 Creative Commons License가 적용된 뉴스를 수집해서 HTML 태크를 제거해 작성한 것입니다.

이 데이터셋에는 다음과 같은 9개의 카테고리가 있습니다.

- トピックニュース(토픽 뉴스)
- Sports Watch
- ITライフハック(IT 라이프 핵)
- 家電チャンネル(가전 채널)
- MOVIE ENTER
- **独女通信**(독녀 통신)
- エスマックス(에스맥스, SMAX)
- livedoor
- Peachy

이렇게 카테고리별로 뉴스가 분류되어 있습니다. 여기에서는 이 텍스트 데이터들을 사용해 뉴스 분류를 할 수 있도록 모델을 추가로 훈련시킵니다.

7.3.2 구글 드라이브에 훈련 데이터를 배치

여기에서는 훈련 데이터 크기가 크므로 구글 드라이브에 배치합니다.

먼저 livedoor 뉴스 말뭉치를 다운로드합니다.

- livedoor 뉴스 말뭉치(일본어)

  URL https://www.rondhuit.com/download.html#ldcc

위 페이지의 'ダウンロード (通常テキスト) : ldcc-20140209.tar.gz'(다운로드(일반 텍스트): ldcc-20140209.tar.gz)에서 'ldcc-20140209.tar.gz'를 다운로드한 뒤 압축을 풉니다. Mac을 사용하는 분은 더블클릭으로 압축을 풀 수 있습니다. Windows를 사용하는 경우에는 압축 소프트웨어를 설치해야 할 수 있습니다(또는 명령 프롬프트에서 tar 명령을 사용할 수 있습니다).

그림 7.2는 압축을 푼 후의 폴더 구성을 나타낸 것입니다.

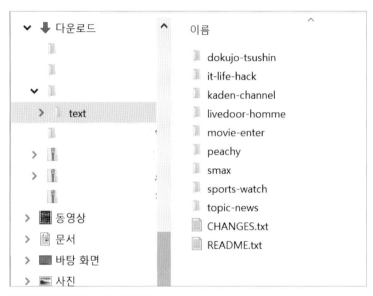

그림 7.2 압축을 푼 후의 폴더 구성

text 폴더 안에 여러 폴더와 파일이 있습니다.

이 text 폴더를 구글 드라이브 안에 배치합니다. 구글 드라이브를 열고 적당한 위치에 원하는 이름의 폴더를 만듭니다. 폴더는 구글 드라이브 화면 왼쪽 위 '+ 신규'를 선택하고 '새 폴더'를 선택해서 만들 수 있습니다.

그림 7.3의 예에서는 bert_book이라는 폴더 안에 chapter_07이라는 폴더를 만들었습니다.

그림 7-3 구글 드라이브에 폴더를 만든다

여기에 앞에서 다운로드한 뒤 압축을 푼 text 폴더를 그대로 드래그&드롭합니다. 조금 기다리면 업로드가 완료됩니다.

그 결과 chapter_07 폴더 안에 새롭게 text 폴더가 나타납니다(그림 7.4).

그림 7.4 구글 드라이브에 'text' 폴더를 업로드한다

이 안에는 다운로드한 뉴스 데이터가 들어 있습니다. 이번 절에서는 이 데이터를 훈련에 사용합니다.

7.3.3 라이브러리 설치

Transformers와 훈련 데이터 불러오기에 사용할 라이브러리인 datasets를 설치합니다. 그리고 일본어 데이터를 불러오는 데 필요한 라이브러리인 fugashi와 ipadic도 설치합니다(코드 7.13).

코드 7.13 필요한 라이브러리 설치

In

```
!pip install transformers==4.26.0
```

```
!pip install datasets==2.10.1 fugashi==1.2.1 ipadic==1.0.0
```

Out

```
Looking in indexes: https://pypi.org/simple, https://us-python.pkg.dev/colab-
wheels/public/simple/
Collecting transformers==4.26.0
  Downloading transformers-4.26.0-py3-none-any.whl (6.3 MB)
  ──────────────────────────────── 6.3/6.3 MB 39.1 MB/s eta 0:00:00
Requirement already satisfied: requests in /usr/local/lib/python3.8/dist-packages
(from transformers==4.26.0) (2.25.1)
Requirement already satisfied: tqdm>=4.27 in /usr/local/lib/python3.8/dist-
packages (from transformers==4.26.0) (4.64.1)
Requirement already satisfied: filelock in /usr/local/lib/python3.8/dist-packages
(from transformers==4.26.0) (3.9.0)
Collecting huggingface-hub<1.0,>=0.11.0
  Downloading huggingface_hub-0.12.1-py3-none-any.whl (190 kB)
  ──────────────────────────────── 190.3/190.3 KB 11.5 MB/s eta 0:00:00
Collecting tokenizers!=0.11.3,<0.14,>=0.11.1
  Downloading tokenizers-0.13.2-cp38-cp38-manylinux_2_17_x86_64.manylinux2014_
x86_64.whl (7.6 MB)
  ──────────────────────────────── 7.6/7.6 MB 58.5 MB/s eta 0:00:00
Requirement already satisfied: pyyaml>=5.1 in /usr/local/lib/python3.8/dist-
packages (from transformers==4.26.0) (6.0)
Requirement already satisfied: packaging>=20.0 in /usr/local/lib/python3.8/dist-
packages (from transformers==4.26.0) (23.0)
Requirement already satisfied: numpy>=1.17 in /usr/local/lib/python3.8/dist-
packages (from transformers==4.26.0) (1.22.4)
Requirement already satisfied: regex!=2019.12.17 in /usr/local/lib/python3.8/dist-
packages (from transformers==4.26.0) (2022.6.2)
Requirement already satisfied: typing-extensions>=3.7.4.3 in /usr/local/lib/
python3.8/dist-packages (from huggingface-hub<1.0,>=0.11.0->transformers==4.26.0)
(4.5.0)
Requirement already satisfied: urllib3<1.27,>=1.21.1 in /usr/local/lib/python3.8/
dist-packages (from requests->transformers==4.26.0) (1.26.14)
Requirement already satisfied: chardet<5,>=3.0.2 in /usr/local/lib/python3.8/dist-
packages (from requests->transformers==4.26.0) (4.0.0)
```

Requirement already satisfied: idna<3,>=2.5 in /usr/local/lib/python3.8/dist-packages (from requests->transformers==4.26.0) (2.10)

Requirement already satisfied: certifi>=2017.4.17 in /usr/local/lib/python3.8/dist-packages (from requests->transformers==4.26.0) (2022.12.7)

Installing collected packages: tokenizers, huggingface-hub, transformers

Successfully installed huggingface-hub-0.12.1 tokenizers-0.13.2 transformers-4.26.0

Looking in indexes: https://pypi.org/simple, https://us-python.pkg.dev/colab-wheels/public/simple/

Collecting datasets==2.10.1

  Downloading datasets-2.10.1-py3-none-any.whl (469 kB)

  ──────────────────────────────── 469.0/469.0 KB 16.4 MB/s eta 0:00:00

Collecting fugashi==1.2.1

  Downloading fugashi-1.2.1-cp38-cp38-manylinux_2_17_x86_64.manylinux2014_x86_64.whl (615 kB)

  ──────────────────────────────── 615.9/615.9 KB 57.8 MB/s eta 0:00:00

Collecting ipadic==1.0.0

  Downloading ipadic-1.0.0.tar.gz (13.4 MB)

  ──────────────────────────────── 13.4/13.4 MB 89.2 MB/s eta 0:00:00

  Preparing metadata (setup.py) ... [?25l[?25hdone

Collecting responses<0.19

  Downloading responses-0.18.0-py3-none-any.whl (38 kB)

Requirement already satisfied: pandas in /usr/local/lib/python3.8/dist-packages (from datasets==2.10.1) (1.3.5)

Requirement already satisfied: tqdm>=4.62.1 in /usr/local/lib/python3.8/dist-packages (from datasets==2.10.1) (4.64.1)

Requirement already satisfied: pyyaml>=5.1 in /usr/local/lib/python3.8/dist-packages (from datasets==2.10.1) (6.0)

Requirement already satisfied: pyarrow>=6.0.0 in /usr/local/lib/python3.8/dist-packages (from datasets==2.10.1) (9.0.0)

Requirement already satisfied: packaging in /usr/local/lib/python3.8/dist-packages (from datasets==2.10.1) (23.0)

Collecting multiprocess

  Downloading multiprocess-0.70.14-py38-none-any.whl (132 kB)

  ──────────────────────────────── 132.0/132.0 KB 18.8 MB/s eta 0:00:00

Requirement already satisfied: requests>=2.19.0 in /usr/local/lib/python3.8/dist-packages (from datasets==2.10.1) (2.25.1)

Collecting dill<0.3.7,>=0.3.0

 Downloading dill-0.3.6-py3-none-any.whl (110 kB)

━━━━━━━━━━━━━━━━━━━━━━━━━━━━ 110.5/110.5 KB 16.1 MB/s eta 0:00:00

Requirement already satisfied: huggingface-hub<1.0.0,>=0.2.0 in /usr/local/lib/
python3.8/dist-packages (from datasets==2.10.1) (0.12.1)

Requirement already satisfied: numpy>=1.17 in /usr/local/lib/python3.8/dist-
packages (from datasets==2.10.1) (1.22.4)

Requirement already satisfied: fsspec[http]>=2021.11.1 in /usr/local/lib/
python3.8/dist-packages (from datasets==2.10.1) (2023.1.0)

Collecting xxhash

 Downloading xxhash-3.2.0-cp38-cp38-manylinux_2_17_x86_64.manylinux2014_x86_64.
whl (213 kB)

━━━━━━━━━━━━━━━━━━━━━━━━━━━━ 213.0/213.0 KB 1.1 MB/s eta 0:00:00

Requirement already satisfied: aiohttp in /usr/local/lib/python3.8/dist-packages
(from datasets==2.10.1) (3.8.4)

Requirement already satisfied: async-timeout<5.0,>=4.0.0a3 in /usr/local/lib/
python3.8/dist-packages (from aiohttp->datasets==2.10.1) (4.0.2)

Requirement already satisfied: frozenlist>=1.1.1 in /usr/local/lib/python3.8/dist-
packages (from aiohttp->datasets==2.10.1) (1.3.3)

Requirement already satisfied: yarl<2.0,>=1.0 in /usr/local/lib/python3.8/dist-
packages (from aiohttp->datasets==2.10.1) (1.8.2)

Requirement already satisfied: multidict<7.0,>=4.5 in /usr/local/lib/python3.8/
dist-packages (from aiohttp->datasets==2.10.1) (6.0.4)

Requirement already satisfied: attrs>=17.3.0 in /usr/local/lib/python3.8/dist-
packages (from aiohttp->datasets==2.10.1) (22.2.0)

Requirement already satisfied: charset-normalizer<4.0,>=2.0 in /usr/local/lib/
python3.8/dist-packages (from aiohttp->datasets==2.10.1) (3.0.1)

Requirement already satisfied: aiosignal>=1.1.2 in /usr/local/lib/python3.8/dist-
packages (from aiohttp->datasets==2.10.1) (1.3.1)

Requirement already satisfied: typing-extensions>=3.7.4.3 in /usr/local/lib/
python3.8/dist-packages (from huggingface-hub<1.0.0,>=0.2.0->datasets==2.10.1)
(4.5.0)

Requirement already satisfied: filelock in /usr/local/lib/python3.8/dist-packages
(from huggingface-hub<1.0.0,>=0.2.0->datasets==2.10.1) (3.9.0)

Requirement already satisfied: chardet<5,>=3.0.2 in /usr/local/lib/python3.8/dist-

```
packages (from requests)>=2.19.0->datasets==2.10.1) (4.0.0)
Requirement already satisfied: urllib3<1.27,>=1.21.1 in /usr/local/lib/python3.8/
dist-packages (from requests)>=2.19.0->datasets==2.10.1) (1.26.14)
Requirement already satisfied: certifi>=2017.4.17 in /usr/local/lib/python3.8/
dist-packages (from requests)>=2.19.0->datasets==2.10.1) (2022.12.7)
Requirement already satisfied: idna<3,>=2.5 in /usr/local/lib/python3.8/dist-
packages (from requests)>=2.19.0->datasets==2.10.1) (2.10)
Requirement already satisfied: python-dateutil>=2.7.3 in /usr/local/lib/python3.8/
dist-packages (from pandas->datasets==2.10.1) (2.8.2)
Requirement already satisfied: pytz>=2017.3 in /usr/local/lib/python3.8/dist-
packages (from pandas->datasets==2.10.1) (2022.7.1)
Requirement already satisfied: six>=1.5 in /usr/local/lib/python3.8/dist-packages
(from python-dateutil>=2.7.3->pandas->datasets==2.10.1) (1.15.0)
Building wheels for collected packages: ipadic
 Building wheel for ipadic (setup.py) ... [?25l[?25hdone
 Created wheel for ipadic: filename=ipadic-1.0.0-py3-none-any.whl size=13556723 sha
256=05c6681be8bc6e31cddcfb6c410d072bbd0a9fe1da8c4ddc7a5eae7ad6e0d8b6
 Stored in directory: /root/.cache/pip/wheels/45/b7/f5/a21e68db846eedcd00d69e37d60
bab3f68eb20b1d99cdff652
Successfully built ipadic
Installing collected packages: ipadic, xxhash, fugashi, dill, responses,
multiprocess, datasets
Successfully installed datasets-2.10.1 dill-0.3.6 fugashi-1.2.1 ipadic-1.0.0
multiprocess-0.70.14 responses-0.18.0 xxhash-3.2.0
```

7.3.4 구글 드라이브와 연동

구글 드라이브를 마운트합니다. 마운트를 하면 구글 코랩에서 구글 드라이브로 접근할 수 있습니다.

코드 7.14를 실행하면 계정 인증을 수행합니다. 구글 코랩과 구글 드라이브가 연결됩니다. 그리고 앞에서 text 폴더를 업로드한 폴더의 경로를 문자열로 설정해둡니다. 여기에서는 /content/drive/My Drive/까지가 구글 드라이브의 '내 드라이브' 경로이므로, 그 뒤에 작성한 폴더의 경로를 입력하면 됩니다. bert_book/chapter_07/의 위치는 여러분의 폴더 구성에 맞춰 변경하기 바랍니다.

코드 7.14 구글 드라이브와의 연동

In

```
from google.colab import drive

drive.mount("/content/drive/")

# ----- 아래의 bert_book/ 이후는 여러분의 폴더 구성에 맞춰 변경하십시오. -----
base_path = "/content/drive/My Drive/bert_book/chapter_07/"
```

Out

```
Mounted at /content/drive/
```

7.2.5 데이터셋 불러오기

구글 드라이브에 저장되어 있는 livedoor 뉴스 데이터셋을 불러옵니다.

코드 7.15에서는 먼저 text 폴더 안의 디렉터리(폴더) 목록을 얻습니다. dirs에는 뉴스가 들어 있는 디렉터리명 목록이 들어갑니다.

for 문을 통해 루프로 처리를 수행합니다. 이 루프 안에서 text_label_data에는 텍스트와 라벨을 세트로 만든 것이 저장됩니다. 루프 안에서 파일 목록을 얻고, 각 파일을 읽어 텍스트로부터 불필요한 문자를 제거하고, 라벨과 쌍을 만들어 text_label_data에 저장합니다.

마지막으로 파일의 수와 폴더의 수를 표시합니다.

코드 7.15 데이터셋 불러오기와 전처리

In

```
import glob # 파일 취득 시 사용
import os

text_path = base_path + "text/" # 폴더 위치를 지정

dir_files = os.listdir(path=text_path) # 파일과 디렉터리 목록
dirs = [f for f in dir_files if os.path.isdir(os.path.join(text_path, f))] # 디렉터리
목록
```

```python
text_label_data = [] # 문장과 라벨 셋
dir_count = 0 # 디렉터리 수 카운트
file_count= 0 # 파일 수 카운트


for i in range(len(dirs)):
    dir = dirs[i]
    files = glob.glob(text_path + dir + "/*.txt") # 파일 목록
    dir_count += 1

    for file in files:
        if os.path.basename(file) == "LICENSE.txt":
            continue

        with open(file, "r") as f:
            text = f.readlines()[3:] # 맨 처음 3행 삭제
            text = "".join(text) # 목록을 문자열로 변환
            text = text.translate(str.maketrans({"\n":"", "\t":"", "\r":"",
"\u3000":""})) # 특수 문자 삭제
            text_label_data.append([text, i])

        file_count += 1

print("\rfiles: " + str(file_count) + "dirs: " + str(dir_count), end="")
```

Out

```
files: 7387
dirs: 9
```

파일 수는 7,837개이고 폴더 수는 9개입니다.

7.3.6 데이터 저장

데이터를 훈련 데이터와 테스트 데이터로 분할하고 csv 파일로 구글 드라이브에 저장합니다.

여기에서는 sklearn.model_selection의 train_test_split( )을 사용해 데이터를 훈련 데이터
와 테스트 데이터로 분할합니다. 코드 7.16에서는 테스트 데이터의 비율을 특별히 지정하지 않

앉으므로 25%가 테스트 데이터가 됩니다.

csv라는 폴더가 존재하지 않는 경우에는 새롭게 작성합니다. 그리고 훈련 데이터를 train_data.csv, 테스트 데이터를 test_data.csv라는 이름으로 각각 저장합니다.

코드 7.16 데이터를 csv 파일에 저장한다

In

```python
import csv
from sklearn.model_selection import train_test_split


train_data, test_data = train_test_split(text_label_data, shuffle=True)  # 훈련용
데이터와 테스트용 데이터로 분할
csv_path = base_path + "csv/"


if not os.path.exists(csv_path): # 디렉터리가 존재하지 않으면
    os.makedirs(csv_path) # 디렉터리를 작성


with open(csv_path+"train_data.csv", "w") as f:
    writer = csv.writer(f)
    writer.writerows(train_data)


with open(csv_path+"test_data.csv", "w") as f:
    writer = csv.writer(f)
    writer.writerows(test_data)
```

7.3.7 모델과 토크나이저 불러오기

일본어 사전 학습 모델 및 이와 연결된 토크나이저를 불러옵니다.

여기에서는 뉴스 분류를 수행하므로 BertForSequenceClassification을 사용해 텍스트 분류를 수행합니다. 그때 cl-tohoku/bert-base-japanese를 지정함으로써 도호쿠대학이 작성한 일본어의 BERT 모델을 불러올 수 있습니다. 그리고 num_labels=9로 설정함으로써 9개 클래스 분류가 됩니다.

그리고 토크나이저로 BertJapaneseTokenizer를 사용합니다. 여기에도 cl-tohoku/bert-base-japanese를 지정해 모델에 대응하는 토크나이저로 설정합니다.

토크나이저는 함수의 형태로 다루기 쉽게 해둡니다. tokenize( )라는 배치가 인수인 함수를 설정합니다.

이 함수에서는 받은 배치로부터 텍스트 데이터를 꺼내서 토크나이저에 넣습니다. 이때 padding=True로 설정해 짧은 문장은 뒤를 [PAD] 토큰으로 채웁니다. 그리고 truncation=True로 설정해 최대 길이 이상의 텍스트를 잘라냅니다. 그리고 max_length=512로 설정해 텍스트 최대 길이를 512로 합니다(코드 7.17).

코드 7.17 모델과 토크나이저 불러오기

In

```python
from transformers import BertForSequenceClassification, BertJapaneseTokenizer

sc_model = BertForSequenceClassification.from_pretrained("cl-tohoku/bert-base-japanese", num_labels=9)
tokenizer = BertJapaneseTokenizer.from_pretrained("cl-tohoku/bert-base-japanese")

def tokenize(batch):
    return tokenizer(batch["text"], padding=True, truncation=True, max_length=512)
```

Out

```
Downloading (…)lve/main/config.json: 100% 479/479 [00:00<00:00, 17.2kB/s]
Downloading (…)"pytorch_model.bin";: 100% 445M/445M [00:04<00:00, 92.0MB/s]
Some weights of the model checkpoint at cl-tohoku/bert-base-japanese were not used
when initializing BertForSequenceClassification: ['cls.predictions.transform.
dense.weight', 'cls.predictions.decoder.weight', 'cls.seq_relationship.bias',
'cls.predictions.transform.LayerNorm.weight', 'cls.predictions.bias', 'cls.
predictions.transform.dense.bias', 'cls.predictions.transform.LayerNorm.bias',
'cls.seq_relationship.weight']
- This IS expected if you are initializing BertForSequenceClassification from the
checkpoint of a model trained on another task or with another architecture (e.g.
initializing a BertForSequenceClassification model from a BertForPreTraining
model).
- This IS NOT expected if you are initializing BertForSequenceClassification from
the checkpoint of a model that you expect to be exactly identical (initializing a
BertForSequenceClassification model from a BertForSequenceClassification model).
Some weights of BertForSequenceClassification were not initialized from the model
```

```
checkpoint at cl-tohoku/bert-base-japanese and are newly initialized: ['classifier.
weight', 'classifier.bias']
You should probably TRAIN this model on a down-stream task to be able to use it for
predictions and inference.
Downloading (…)solve/main/vocab.txt: 100% 258k/258k [00:00<00:00, 369kB/s]
Downloading (…)okenizer_config.json: 100% 104/104 [00:00<00:00, 4.43kB/s]
```

7.3.8 데이터 전처리

데이터셋을 불러오고 필요한 처리를 수행합니다.

코드 7.18에서는 먼저 load_dataset( )을 통해 csv 파일을 불러옵니다. 이 데이터는 일종의 테이블(표)로 다루어지므로 column_names=["text", "label"]을 사용해 각 열(칼럼)의 이름을 설정합니다. 그리고 aplit="train"으로 설정합니다.

그 뒤, train_data에 대해 map( ) 메서드를 사용해 처리를 수행합니다. map( ) 메서드를 사용하면, 각 요소에 대해 각각의 처리를 수행할 수 있습니다. 이전의 tokenize( ) 함수로 처리해 형식을 정리합니다. 이때, batch_size=len(train_data)로 설정해 배치 크기를 훈련 데이터 전체 크기로 지정해 한 번에 처리합니다.

그리고 set_format( ) 메서드를 사용해 포맷을 정리합니다. 각 열을 설정합니다. 이때, "input_ids"와 "label"의 2개의 열을 설정합니다. 이 순서로 열이 배열됩니다. 그리고 여기에서는 파이토치 형식으로 데이터를 다루므로 "torch"로 설정합니다.

테스트용 데이터 test_data 역시 마찬가지로 토큰화해서 포맷을 정리합니다. 이미 훈련 데이터와 테스트 데이터는 분할 완료이므로 split="test"와 split="validation"은 설정할 수 없으므로 여기에도 split="train"으로 설정합니다. 여기에서는 이 데이터를 검증용으로 사용하므로 변수명은 eval_data로 합니다.

코드 7.18 데이터 전처리

In

```
from datasets import load_dataset

train_data = load_dataset("csv", data_files=csv_path+"train_data.csv", column_
names=["text", "label"], split="train")
train_data = train_data.map(tokenize, batched=True, batch_size=len(train_data))
```

```
train_data.set_format("torch", columns=["input_ids", "label"])


eval_data = load_dataset("csv", data_files=csv_path+"test_data.csv", column_
names=["text", "label"], split="train")
eval_data = eval_data.map(tokenize, batched=True, batch_size=len(eval_data))
eval_data.set_format("torch", columns=["input_ids", "label"])
```

Out

```
Downloading and preparing dataset csv/default to /root/.cache/huggingface/
datasets/csv/default-4891113933b46b17/0.0.0/6b34fb8fcf56f7c8ba51dc895bfa2bfbe435
46f190a60fcf74bb5e8afdcc2317...


Downloading data files: 100% 1/1 [00:00<00:00, 46.19it/s]
Extracting data files: 100% 1/1 [00:00<00:00, 14.01it/s]


Dataset csv downloaded and prepared to /root/.cache/huggingface/datasets/csv/
default-4891113933b46b17/0.0.0/6b34fb8fcf56f7c8ba51dc895bfa2bfbe43546f190a60fcf7
4bb5e8afdcc2317. Subsequent calls will reuse this data.


Downloading and preparing dataset csv/default to /root/.cache/huggingface/
datasets/csv/default-a5cca9587ba1f11d/0.0.0/6b34fb8fcf56f7c8ba51dc895bfa2bfbe435
46f190a60fcf74bb5e8afdcc2317...


Downloading data files: 100% 1/1 [00:00<00:00, 50.03it/s]
Extracting data files: 100% 1/1 [00:00<00:00, 22.51it/s]


Dataset csv downloaded and prepared to /root/.cache/huggingface/datasets/csv/
default-a5cca9587ba1f11d/0.0.0/6b34fb8fcf56f7c8ba51dc895bfa2bfbe43546f190a60fcf7
4bb5e8afdcc2317. Subsequent calls will reuse this data.
```

7.3.9 평가용 함수

sklearn.metrics의 accuracy_score를 사용해 모델의 정확도를 평가하기 위한 함수를 정의합
니다(코드 7.19).

코드 7.19 평가용 함수

In

```python
from sklearn.metrics import accuracy_score


def compute_metrics(result):
    labels = result.label_ids
    preds = result.predictions.argmax(-1)
    acc = accuracy_score(labels, preds)
    return {
        "accuracy": acc,
    }
```

7.3.10 TrainingArguments 설정

TrainingArguments 클래스를 사용해 하이퍼파라미터를 설정합니다. 코드 7.20의 설정은 에포크 수가 2인 것을 제외하고 6.3.6항과 동일합니다.

코드 7.20 TrainingArguments 설정

In

```python
from transformers import TrainingArguments

training_args = TrainingArguments(
    output_dir = "./results", # 결과를 저장할 디렉터리
    logging_dir = "./logs", # 경과 로그를 기록할 디렉터리
    num_train_epochs = 2, # 에포크 수
    per_device_train_batch_size = 8, # 훈련 시 배치 크기
    per_device_eval_batch_size = 32, # 평가 시 배치 크기
    warmup_steps=500, # 학습 계수가 이 단계 수로 점점 증가
    weight_decay=0.01, # 가중치 감쇠율
    evaluation_strategy = "steps" # 훈련 중, 일정 단계마다 평가
)
```

7.3.11 Trainer 설정

Trainer 클래스를 사용해 트레이너를 설정합니다. 코드 7.21의 트레이너 설정은 6.3.7항과 동

일합니다.

코드 7.21 Trainer 설정

In

```
from transformers import Trainer

trainer = Trainer(
    model = sc_model,  # 사용할 모델 설정
    args = training_args,  # TrainingArguments 설정
    compute_metrics = compute_metrics,  # 평가용 함수
    train_dataset = train_data,  # 훈련용 데이터
    eval_dataset = eval_data  # 평가용 데이터
)
```

7.3.12 모델 훈련

설정에 기반해 모델을 추가로 훈련합니다. 여기에서도 층은 동결하지 않고 모든 층을 추가로 훈련합니다.

훈련에 필요한 시간은 그 시점의 환경에 따라 달라지지만, 대략 20분 정도 소요됩니다(코드 7.22).

코드 7.22 모델 훈련

In

```
trainer.train()
```

Out

```
The following columns in the training set don't have a corresponding argument in
`BertForSequenceClassification.forward` and have been ignored: text. If text are
not expected by `BertForSequenceClassification.forward`, you can safely ignore this
message.
/usr/local/lib/python3.8/dist-packages/transformers/optimization.py:306:
FutureWarning: This implementation of AdamW is deprecated and will be removed in a
future version. Use the pytorch implementation torch.optim.AdamW instead, or set
`no_deprecation_warning=True` to disable this warning
  warnings.warn(
```

```
***** Running training *****
  Num examples = 5540
  Num Epochs = 2
  Instantaneous batch size per device = 8
  Total train batch size (w. parallel, distributed & accumulation) = 8
  Gradient Accumulation steps = 1
  Total optimization steps = 1386
  Number of trainable parameters = 110624265


 [1386/1386 20:13, Epoch 2/2]


 Step  Training Loss  Validation Loss  Accuracy
 ------------------------------------------------
 500    1.003500       0.616479         0.824580
 1000   0.276900       0.285308         0.927450
```

The following columns in the evaluation set don't have a corresponding argument in `BertForSequenceClassification.forward` and have been ignored: text. If text are not expected by `BertForSequenceClassification.forward`, you can safely ignore this message.
```
***** Running Evaluation *****
  Num examples = 1847
  Batch size = 32
```
Saving model checkpoint to ./results/checkpoint-500
Configuration saved in ./results/checkpoint-500/config.json
Model weights saved in ./results/checkpoint-500/pytorch_model.bin
The following columns in the evaluation set don't have a corresponding argument in `BertForSequenceClassification.forward` and have been ignored: text. If text are not expected by `BertForSequenceClassification.forward`, you can safely ignore this message.
```
***** Running Evaluation *****
  Num examples = 1847
  Batch size = 32
```
Saving model checkpoint to ./results/checkpoint-1000
Configuration saved in ./results/checkpoint-1000/config.json
Model weights saved in ./results/checkpoint-1000/pytorch_model.bin

```
Training completed. Do not forget to share your model on huggingface.co/models =)


TrainOutput(global_step=1386, training_loss=0.509740788183171, metrics={'train_
runtime': 1216.4081, 'train_samples_per_second': 9.109, 'train_steps_per_second':
1.139, 'total_flos': 2915453718650880.0, 'train_loss': 0.509740788183171, 'epoch':
2.0})
```

단계를 거듭하면 훈련 오차, 평가 오차도 함께 작아지며 정확도가 향상합니다.

7.3.13 모델 평가

Trainer의 evaluate( ) 메서드를 사용해 모델을 평가합니다(코드 7.23).

코드 7.23 모델 평가

In

```
trainer.evaluate()
```

Out

```
The following columns in the evaluation set don't have a corresponding argument in
`BertForSequenceClassification.forward` and have been ignored: text. If text are
not expected by `BertForSequenceClassification.forward`, you can safely ignore this
message.


***** Running Evaluation *****
  Num examples = 1847
  Batch size = 32


  [58/58 00:58]
{'eval_loss': 0.2591341733932495,
 'eval_accuracy': 0.9404439631835408,
 'eval_runtime': 59.5322,
 'eval_samples_per_second': 31.025,
 'eval_steps_per_second': 0.974,
 'epoch': 2.0}
```

평가용 데이터를 사용했을 때의 정확도가 약 94%가 되었습니다. 뉴스를 약 94%의 확률로 올바르게 분류할 수 있다는 의미입니다.

7.3.14 모델 저장

훈련 완료 모델을 저장합니다. 저장한 뒤에는 모델을 다양하게 응용할 수 있습니다. 같은 노트북뿐만 아니라 다른 노트북이나 웹 애플리케이션, 모바일 애플리케이션 등에서 모델을 이용할 수 있게 됩니다.

코드 7.24에서는 save_pretrained( ) 메서드를 사용해 model 폴더에 훈련 완료 모델과 토크나이저를 각각 저장합니다.

코드 7.24 모델 저장

In

```
model_path = base_path + "model/"


if not os.path.exists(model_path):  # 디렉터리가 존재하지 않으면
    os.makedirs(model_path)  # 디렉터리를 작성


sc_model.save_pretrained(model_path)
tokenizer.save_pretrained(model_path)
```

Out

```
Configuration saved in /content/drive/My Drive/bert_book/chapter_07/model/config.
json
Model weights saved in /content/drive/My Drive/bert_book/chapter_07/model/pytorch_
model.bin
tokenizer config file saved in /content/drive/My Drive/bert_book/chapter_07/model/
tokenizer_config.json
Special tokens file saved in /content/drive/My Drive/bert_book/chapter_07/model/
special_tokens_map.json

('/content/drive/My Drive/bert_book/chapter_07/model/tokenizer_config.json',
 '/content/drive/My Drive/bert_book/chapter_07/model/special_tokens_map.json',
 '/content/drive/My Drive/bert_book/chapter_07/model/vocab.txt',
 '/content/drive/My Drive/bert_book/chapter_07/model/added_tokens.json')
```

7.3.15 모델 불러오기

저장된 모델을 불러와봅시다. 코드 7.25에서는 form_pretrained( ) 메서드를 사용해 저장된 모델을 불러옵니다. 이렇게 경로를 지정해서 직접 만든 모델을 불러올 수도 있습니다.

토크나이저도 마찬가지로 불러올 수 있습니다.

코드 7.25 모델 불러오기

In

```
loaded_model = BertForSequenceClassification.from_pretrained(model_path)
loaded_tokenizer = BertJapaneseTokenizer.from_pretrained(model_path)
```

Out

```
loading configuration file /content/drive/My Drive/bert_book/chapter_07/model/
config.json
Model config BertConfig {
  "_name_or_path": "cl-tohoku/bert-base-japanese",
  "architectures": [
    "BertForSequenceClassification"
  ],
  "attention_probs_dropout_prob": 0.1,
  "classifier_dropout": null,
  "hidden_act": "gelu",
  "hidden_dropout_prob": 0.1,
  "hidden_size": 768,
  "id2label": {
    "0": "LABEL_0",
    "1": "LABEL_1",
    "2": "LABEL_2",
    "3": "LABEL_3",
    "4": "LABEL_4",
    "5": "LABEL_5",
    "6": "LABEL_6",
    "7": "LABEL_7",
    "8": "LABEL_8"
  },
  "initializer_range": 0.02,
```

```
  "intermediate_size": 3072,
  "label2id": {
    "LABEL_0": 0,
    "LABEL_1": 1,
    "LABEL_2": 2,
    "LABEL_3": 3,
    "LABEL_4": 4,
    "LABEL_5": 5,
    "LABEL_6": 6,
    "LABEL_7": 7,
    "LABEL_8": 8
  },
  "layer_norm_eps": 1e-12,
  "max_position_embeddings": 512,
  "model_type": "bert",
  "num_attention_heads": 12,
  "num_hidden_layers": 12,
  "pad_token_id": 0,
  "position_embedding_type": "absolute",
  "problem_type": "single_label_classification",
  "tokenizer_class": "BertJapaneseTokenizer",
  "torch_dtype": "float32",
  "transformers_version": "4.26.0",
  "type_vocab_size": 2,
  "use_cache": true,
  "vocab_size": 32000
}
```

```
loading weights file /content/drive/My Drive/bert_book/chapter_07/model/pytorch_
model.bin
All model checkpoint weights were used when initializing BertForSequence
Classification.

All the weights of BertForSequenceClassification were initialized from the model
checkpoint at /content/drive/My Drive/bert_book/chapter_07/model/.
If your task is similar to the task the model of the checkpoint was trained on, you can
```

```
already use BertForSequenceClassification for predictions without further training.
loading file vocab.txt
loading file spiece.model
loading file added_tokens.json
loading file special_tokens_map.json
loading file tokenizer_config.json
```

7.3.16 일본어 뉴스 분류

불러온 모델을 사용해 뉴스를 분류합니다.

코드 7.26에서는 movie-enter 폴더로부터 뉴스를 하나씩 추출하고, 올바르게 분류할 수 있는지 확인합니다. 인덱스가 12인 뉴스를 꺼냅니다. 12라는 문자에 특별한 의미가 있는 것은 아니며, 임의의 뉴스를 1개 꺼내는 것입니다.

뉴스의 문장을 꺼내고 불필요한 문자를 제거합니다. 그리고 해당 본문을 표시합니다.

그 뒤, 토크나이저를 사용해 본문을 토큰화하고, 단어를 ID로 변환합니다.

그리고 파이토치의 텐서로 변환해 모델의 입력 x로 합니다. 여기에서 모델은 입력 단어의 수의 최댓값이 512이므로, 입력 단어 수의 최댓값을 512로 설정합니다.

이 입력 x를 앞에서 불러온 모델에 전달해 예측을 수행합니다.

모델을 사용해서 입력을 예측한 출력인 y는 튜플 형식입니다. 가장 첫 번째 요소에 예측 결과가 들어 있습니다. 9개 클래스의 출력이 있습니다. 이 중에서 가장 값이 큰 클래스의 인덱스를 argmax(-1)로 획득합니다.

그리고 얻어진 최댓값의 인덱스 pred에 대응한 뉴스 폴더명을 표시합니다. 이를 통해 어떤 카테고리로 분류되었는지 알 수 있습니다.

코드 7.26 일본어 뉴스 분석
In

```python
import glob  # 파일 취득에 사용
import os
import torch


category = "movie-enter"
```

```python
files = glob.glob(text_path + category + "/*.txt")
# 파일 목록
file = files[12] # 임의의 뉴스

dir_files = os.listdir(path=text_path)
dirs = [f for f in dir_files if os.path.isdir(os.path.join(text_path, f))] # 디렉터
리 목록

with open(file, "r") as f:
 sample_text = f.readlines()[3:] # 앞의 3행을 삭제
 sample_text = "".join(sample_text) # 리스트를 문자열로 변환
  sample_text = sample_text.translate(str.maketrans({"\n":"", "\t":"", "\r":"",
"\u3000":""})) # 특수 문자 제거

print(sample_text)

max_length = 512
words = loaded_tokenizer.tokenize(sample_text)
word_ids = loaded_tokenizer.convert_tokens_to_ids(words) # 단어를 ID로 변환
x = torch.tensor([word_ids[:max_length]]) # Tensor로 변환

y = loaded_model(x) # 예측
pred = y[0].argmax(-1) # 최댓값의 인덱스
print("result:", dirs[pred])
```

Out

ムービーエンターの今年の俳優・女優取材を紹介する「2011年インタビューまとめ」。
前回の第3弾では、ジャーナリストの大宅映子やアイドルのAeLL.の過激な発言について
振り返った。第4弾は、7月から8月にかけてのインタビュー。紹介する著名人は、「日笠
陽子」「あやまんJAPAN」「藤岡みなみ」「渡辺謙＆菊地凛子」「大泉洋＆松田龍平」
「プラッチャヤー・ピンゲーオ」「相武紗季」こちらの7組。大御所・渡辺謙の緊張感あ
ふれる取材や宴会娘・あやまんJAPANのトラブル大勃発取材など一挙にご紹介しよう。
■日笠陽子／『アイ・アム・ナンバー4』スティーヴン・スピルバーグ×マイケル・ベイ
によるアクション巨編『アイ・アム・ナンバー4』を「けいおん！」の秋山澪 役で注目を
集める人気声優の日笠陽子に鑑賞してもらい感想を語ってもらった。作品のこと以外に
「女子中、女子高だったので、学生時代の恋愛に憧れはすごくあった」など自身の学生生

活についても語ってくれた。・日笠陽子「人の目には見えない力ってあると思う」（7月4日）■あやまんJAPAN／『ハングオーバー!!史上最悪の二日酔い、国境を越える』今や押しも押されもせぬ人気となったあやまんJAPAN。宴会芸と二日酔い映画という「酒」つながりということで『ハングオーバー』の感想を語ってもらうことになった。ところが、取材現場に現れた彼女たちは、ほろ酔い状態。突然、記者の膝の上に座るなどの奇行に走りだす。トラブル続出の取材の結果はこちら。・あやまんJAPAN「記憶はないけど、酔っぱらってるうちに作品ができあがっている」（7月8日）■藤岡みなみ／『カンフー・パンダ２』あやまんJAPANが「酒」つながりならば、こちらは「パンダ」つながり。藤岡みなみは、パンダマニア歴13年だけあって『カンフー・パンダ２』を観る時の視点も通常と異なっていた。パンダの指の本数や文化の成り立ちについても言及している。そして、ちょっと気になる「パンチラ」の話なども。・藤岡みなみ「抜けているところにキュンとくる」（8月17日）１２

result: movie-enter

뉴스의 텍스트가 표시됩니다. 이것은 명백하게 영화나 엔터테인먼트 관련 뉴스입니다.

이 뉴스를 입력해 예측한 결과 올바르게 movie-enter 카테고리로 분류할 수 있었습니다.

정확도는 약 94%이므로 대부분의 경우 올바르게 분류할 수 있을 것입니다.

이상과 같이 일본어 사전 학습 완료 모델에 파인 튜닝을 수행해, 비교적 짧은 시간에 정확도가 높은 자연어 처리 모델을 구축할 수 있습니다.

7.4 | BERT 한국어 모델

이번 절에서는 한국어 BERT 모델을 불러오고 누락된 단어의 예측 및 연속한 문장 판정을 시도해봅니다.

7.4.1 사용하는 모델과 데이터셋

이번 절에서는 한국어를 다루므로 한국어에 대응한 사전 학습 완료 모델이 필요합니다. 여기에서는 다음 모델을 사용합니다.

- Pretrained Korean BERT models

  URL https://huggingface.co/klue/bert-base

7.4.2 라이브러리 설치

Transformers 및 훈련 데이터 불러오기에 사용하는 라이브러리 datasets를 설치합니다(코드 7.27).

코드 7.27 필요한 라이브러리 설치

In

```
!pip install transformers==4.26.0
```

Out

```
Collecting transformers==4.26.0
  Downloading transformers-4.26.0-py3-none-any.whl (6.3 MB)
                                          6.3/6.3 MB 39.9 MB/s eta 0:00:00
Requirement already satisfied: filelock in /usr/local/lib/python3.10/dist-packages
(from transformers==4.26.0) (3.12.4)
Collecting huggingface-hub<1.0,>=0.11.0 (from transformers==4.26.0)
  Downloading huggingface_hub-0.18.0-py3-none-any.whl (301 kB)
                                          302.0/302.0 kB 20.6 MB/s eta 0:00:00
```

Requirement already satisfied: numpy>=1.17 in /usr/local/lib/python3.10/dist-packages (from transformers==4.26.0) (1.23.5)

Requirement already satisfied: packaging>=20.0 in /usr/local/lib/python3.10/dist-packages (from transformers==4.26.0) (23.2)

Requirement already satisfied: pyyaml>=5.1 in /usr/local/lib/python3.10/dist-packages (from transformers==4.26.0) (6.0.1)

Requirement already satisfied: regex!=2019.12.17 in /usr/local/lib/python3.10/dist-packages (from transformers==4.26.0) (2023.6.3)

Requirement already satisfied: requests in /usr/local/lib/python3.10/dist-packages (from transformers==4.26.0) (2.31.0)

Collecting tokenizers!=0.11.3,<0.14,>=0.11.1 (from transformers==4.26.0)

  Downloading tokenizers-0.13.3-cp310-cp310-manylinux_2_17_x86_64.manylinux2014_x86_64.whl (7.8 MB)

── 7.8/7.8 MB 70.0 MB/s eta 0:00:00

Requirement already satisfied: tqdm>=4.27 in /usr/local/lib/python3.10/dist-packages (from transformers==4.26.0) (4.66.1)

Requirement already satisfied: fsspec>=2023.5.0 in /usr/local/lib/python3.10/dist-packages (from huggingface-hub<1.0,>=0.11.0->transformers==4.26.0) (2023.6.0)

Requirement already satisfied: typing-extensions>=3.7.4.3 in /usr/local/lib/python3.10/dist-packages (from huggingface-hub<1.0,>=0.11.0->transformers==4.26.0) (4.5.0)

Requirement already satisfied: charset-normalizer<4,>=2 in /usr/local/lib/python3.10/dist-packages (from requests->transformers==4.26.0) (3.3.1)

Requirement already satisfied: idna<4,>=2.5 in /usr/local/lib/python3.10/dist-packages (from requests->transformers==4.26.0) (3.4)

Requirement already satisfied: urllib3<3,>=1.21.1 in /usr/local/lib/python3.10/dist-packages (from requests->transformers==4.26.0) (2.0.7)

Requirement already satisfied: certifi>=2017.4.17 in /usr/local/lib/python3.10/dist-packages (from requests->transformers==4.26.0) (2023.7.22)

Installing collected packages: tokenizers, huggingface-hub, transformers

Successfully installed huggingface-hub-0.18.0 tokenizers-0.13.3 transformers-4.26.0

7.4.3 누락된 단어 예측

일부 단어가 누락된 한국어 문장의 누락된 단어를 BERT 모델을 사용해 예측합니다. 문장에서 단어 1개를 마스크하고 그 단어를 BERT 모델을 사용해 예측합니다.

코드 7.28에서는 Autotokenizer를 임포트해서 사용합니다. 여기에 klue/bert-base를 지정해 토크나이저를 불러옵니다.

코드 7.28 한국어에 대응한 토크나이저 불러오기

In

```
from transformers import AutoTokenizer


tokenizer = AutoTokenizer.from_pretrained("klue/bert-base")
```

Out

```
Downloading (…)solve/main/vocab.txt: 100% 258k/258k [00:00<00:00, 289kB/s]
Downloading (…)okenizer_config.json: 100% 104/104 [00:00<00:00, 1.07kB/s]
Downloading (…)lve/main/config.json: 100% 479/479 [00:00<00:00, 6.76kB/s]
```

여기에서는 '나는 내일 야구를 관람할 예정입니다'라는 한국어 문장을 사용합니다.

이 문장을 토크나이저를 사용해 형태소로 분할합니다. 코드 7.29를 실행하면 문장이 형태소로 분할됩니다.

코드 7.29 한국어 문장을 형태소로 분할한다

In

```
text = "나는 내일 야구를 관람할 예정입니다."


words = tokenizer.tokenize(text)
print(words)
```

Out

```
['나', '##는', '내일', '야구', '##를', '관람', '##할', '예정', '##입니다', '.']
```

형태소별로 분할된 것을 확인할 수 있습니다.

그럼 문장 일부를 마스크합니다.

코드 7.30에서는 `msk_idx`를 3으로 지정했습니다. 앞에서부터 세어 번호가 3인 위치를 지정합니다.

0, 1, 2, 3, …으로 번호를 세므로 '야구'를 마스크합니다. '야구'라는 단어를 토큰 [MASK]로 치환하게 됩니다.

이 코드를 실행하면 문장 일부가 마스크됩니다.

코드 7.30 단어를 [MASK]로 치환한다
In

```python
msk_idx = 3
words[msk_idx] = "[MASK]"  # 단어를 [MASK]로 치환한다
print(words)
```

Out

```
['나', '##는', '내일', '[MASK]', '##를', '관람', '##할', '예정', '##입니다', '.']
```

'야구'가 토큰 [MASK]로 치환된 것을 확인할 수 있습니다.

다음은 `convert_tokens_to_ids( )`를 사용해 단어를 나타내는 ID로 변환합니다. 그 뒤, 각 단어 ID를 `torch.tensor( )`를 사용해 텐서로 변환합니다(코드 7.31).

코드 7.31 단어를 ID로 변환
In

```python
import torch

word_ids = tokenizer.convert_tokens_to_ids(words)  # 단어를 ID로 변환
word_tensor = torch.tensor([word_ids])  # Tensor로 변환
print(word_tensor)
```

Out

```
tensor([[ 717, 2259, 5420,    4, 2138, 5607, 2085, 3834, 12190,   18]])
```

각 언어가 ID로 변환된 것을 확인할 수 있습니다.

다음으로 한국어 사전 학습 완료 모델을 불러옵니다.

코드 7.32에서는 누락된 단어를 예측하기 위한 `BertForMaskedLM`이라는 학습 완료 모델을 불러

옵니다. 이때, klue/bert-base를 지정해 한국어 BERT 모델을 불러옵니다. 여기에서는 학습을 수행하지 않으므로 .eval()을 사용해 평가 모드로 합니다.

코드 7.32 BertForMaskedLM 모델을 불러온다

In

```
from google.colab import output
from transformers import BertForMaskedLM

msk_model = BertForMaskedLM.from_pretrained("klue/bert-base")

msk_model.eval()  # 평가 모드
output.clear()  # 출력을 표시하지 않는다
```

그리고 앞의 word_tensor를 입력 데이터인 x에 대입합니다.

이 x를 모델 msk_model에 전달해서 예측을 수행합니다. 이 출력 y는 튜플 형식이므로 여기에서 목적한 값을 얻기 위해서는 인덱스 0을 지정해서 결과를 꺼내야 합니다.

그리고 얻은 결과인 result 형태를 일단 여기에서 표시합니다(코드 7.33).

코드 7.33 모델을 사용한 예측

In

```
x = word_tensor  # 입력
y = msk_model(x)  # 예측
result = y[0]
print(result.size())  # 결과의 형태
```

Out

```
torch.Size([1, 10, 32000])
```

텐서의 result의 형태가 표시됩니다. 1은 배치 크기, 10은 문장 안의 단어 수, 32000은 모델에서 다루는 단어의 수입니다.

다음으로 가능성이 높은 단어를 취득합니다(코드 7.34). torch.topk()를 사용해 가장 가능성이 높은 단어 5개를 얻어서 ID를 단어로 변환합니다.

그 뒤, 이 단어들을 표기합니다.

코드 7.34 결과 표시

In

```
_, max_ids = torch.topk(result[0][msk_idx], k=5)  # 가장 큰 5개의 값
result_words = tokenizer.convert_ids_to_tokens(max_ids.tolist())  # ID를 단어로 변환
print(result_words)
```

Out

```
['영화', '경기', '드라마', '전시', '전시회']
```

결과에는 '영화', '경기', '드라마', '전시', '전시회'가 나열되어 있습니다. '야구'는 들어 있지 않지만 한정된 정보로부터 얻은 결과로서는 타당할 것입니다.

이상과 같이 한국어 문장에서 누락된 단어를 예측할 수 있습니다.

7.4.4 문장이 연속되어 있는지 판정

BertForNextSentencePrediction을 사용해 2개의 문장이 연속되어 있는지 판정합니다.

klue/bert-base를 불러오고 평가 모드로 설정합니다(코드 7.35).

코드 7.9 BertForNextSentencePrediction 모델 불러오기

In

```
from transformers import BertForNextSentencePrediction

nsp_model = BertForNextSentencePrediction.from_pretrained("klue/bert-base")
nsp_model.eval()  # 평가 모드
output.clear()  # 출력을 표시하지 않는다
```

코드 7.36의 show_continuity( ) 함수를 사용해 1개 문장의 연속성을 판정합니다.

4.3절에서 설명한 함수와 동일하므로 함수 내부의 구조에 관해서는 해당 장을 참조하십시오.

코드 7.36 두 문장의 연속성을 판정하는 함수

In

```
def show_continuity(text1, text2):
    # 토큰화
    tokenized = tokenizer(text1, text2, return_tensors="pt")
```

```
print("Tokenized:", tokenized)

# 예측과 결과 표시
y = nsp_model(**tokenized)  # 예측
print("Result:", y)
pred = torch.softmax(y.logits, dim=1) # 소프트맥스 함수로 확률로 변환
print(str(pred[0][0].item()*100) + "%의 확률로 연속됩니다.")
```

이 함수에 자연스럽게 연결되는 한국어 문장 2개를 전달합니다. 코드 7.37에서는 '야구는 무엇입니까?'와 '배트로 공을 치는 스포츠입니다.'라는 2개의 문장을 show_continuity( ) 함수로 전달했습니다.

코드 7.37 자연스럽게 연속되는 2개의 문장을 전달한다

In

```
text1 = "야구는 무엇입니까?"
text2 = "배트로 공을 치는 스포츠입니다."
show_continuity(text1, text2)
```

Out

```
Tokenized: {'input_ids': tensor([[    2, 4878, 2259, 3890, 2372, 3707,   35,    3,
20964, 2200,  602, 2069, 30037, 4559, 12190,   18,    3]]), 'token_type_ids':
tensor([[0, 0, 0, 0, 0, 0, 0, 0, 1, 1, 1, 1, 1, 1, 1, 1, 1]]), 'attention_mask':
tensor([[1, 1, 1, 1, 1, 1, 1, 1, 1, 1, 1, 1, 1, 1, 1, 1, 1]])}
Result: NextSentencePredictorOutput(loss=None, logits=tensor([[ 6.8058, -2.5423]],
grad_fn=<AddmmBackward0>), hidden_states=None, attentions=None)
99.99128580093384%의 확률로 연속됩니다.
```

코드 7.37을 실행한 결과, 두 문장은 거의 100%의 확률로 연속됩니다. 올바르게 판정할 수 있음을 알 수 있습니다.

다음으로 자연스럽게 연속되지 않는 2개의 문장을 전달합니다.

코드 7.38에서는 '야구는 무엇입니까?' 다음에 '팬 케이크에는 밀가루와 계란과 우유를 사용합니다.'라는 명확하게 의미가 연속되지 않는 문장을 전달했습니다.

코드 7.38 자연스럽게 연속되지 않는 2개의 문장을 전달한다

In

```
text1 = "야구는 무엇입니까?"
text2 = "팬 케이크에는 밀가루와 계란과 우유를 사용합니다."
show_continuity(text1, text2)
```

Out

```
Tokenized: {'input_ids': tensor([[   2, 4878, 2259, 3890, 2372, 3707,   35,    3,
1839, 10101, 2170, 2259, 13712, 2522, 8493, 2145, 7282, 2138, 3704, 11800, 18,
3]]), 'token_type_ids': tensor([[0, 0, 0, 0, 0, 0, 0, 0, 1, 1, 1, 1, 1, 1, 1, 1, 1, 1,
1, 1, 1, 1]]), 'attention_mask': tensor([[1, 1, 1, 1, 1, 1, 1, 1, 1, 1, 1, 1, 1, 1, 1,
1, 1, 1, 1, 1, 1]])}
Result: NextSentencePredictorOutput(loss=None, logits=tensor([[1.1137, 0.6240]],
grad_fn=<AddmmBackward0>), hidden_states=None, attentions=None)
62.00528144836426%의 확률로 연속됩니다.
```

코드를 실행한 결과 연속된 확률은 약 62%로 표시되었습니다. 연결되어 있을 가능성은 높지 않습니다.

이상과 같이 2개의 문장이 연결되어 있는지 판정할 수 있습니다.

Transformers를 사용해 한국어 훈련 완료 모델의 동작을 확인할 수 있었습니다.

7.5 | 정리

이번 장에서는 가장 먼저 다양한 BERT 활용 예에 관해 설명했습니다. 그 뒤,
BERT의 일본어 모델을 불러오고 사용하는 방법을 학습했습니다. 마지막으로
BERT의 일본어 모델을 파인 튜닝하고, 일본어 뉴스 기사 분류를 수행했습니다.
또한 한국어 모델을 파인 튜닝했습니다.

여기에서는 뉴스를 분류하는 태스크를 주로 다루었지만 그 밖에도 다양한 태스
크에 대해 BERT를 응용할 수 있습니다. 꼭 다양한 태스크에 대해 BERT를 적용
하면서 즐겨보기 바랍니다.

부록

조금 더 학습하고자 하는
분들을 위한 페이지

마지막으로 조금 더 학습하고자 하는 분들께 유용한 정보를 소개합니다.

자유 연구소 AIRS-Lab 커뮤니티

'AI'를 주제로 교류하고 창조하는 Web 커뮤니티 '자유 연구소 AIRS-Lab'을 개설했습니다.

멤버에게는 Udemy의 새로운 강좌 무료 제공, 매월 이벤트 참가, Slack 커뮤니티 참가 등의 특전을 제공합니다.

자유 연구소 AIRS-Lab
 URL https://www.airs-lab.jp/

저서

필자의 다른 저서를 소개합니다.

- 구글 코랩で学ぶ！あたらしい人工知能技術の教科書』(翔泳社)

  (구글 코랩로 배우자! 새로운 인공 지능 기술의 교과서(쇼에이샤))

   URL https://www.shoeisha.co.jp/book/detail/9784798167213

이 책에서는 구글 코랩와 프로그래밍 언어인 파이썬에 관한 설명부터 시작합니다. 장을 진행하면서 CNN, RNN 및 생성 모델과 강화 학습, 전이 학습 등의 유용한 인공 지능 기술을 학습합니다.

프레임워크인 Keras를 사용해 CNN, RNN, 생성 모델, 강화 학습 등의 다양한 딥러닝 관련 기술을 폭넓게 학습합니다.

- 『あたらしい脳科学と人工知能の教科書』(翔泳社)

  (새로운 뇌과학과 인공 지능의 교과서(쇼에이샤))

   URL https://www.shoeisha.co.jp/book/detail/9784798164953

이 책에서는 두뇌와 인공 지능에 관한 설명으로 시작해, 두뇌의 각 분위와 기능을 설명한 뒤, 인공 지능의 다양한 알고리즘과의 접점을 알기 쉽게 설명합니다.

두뇌와 인공 지능의 비슷한 점과 다른 점을 학습할 수 있으며, 후반 장에서는 '의식의 수수께끼'까지 다룹니다.

- 『Pythonで動かして学ぶ！あたらしい数学の教科書 機械学習・深層学習に必要な基礎知識』（翔泳社）

  (파이썬으로 움직이며 학습한다! 새로운 수학의 교과서, 머신러닝/딥러닝에 필요한 기초 지식 (쇼에이샤))

  URL https://www.shoeisha.co.jp/book/detail/9784798161174

이 책에서는 AI를 위한 수학을 프로그래밍 언어인 파이썬과 함께 기초부터 설명합니다. 손을 움직이면서 경험 기반으로 학습하므로, AI를 학습하고 싶지만 수학에 높은 장벽을 느끼는 분들에게 특히 권장합니다. 선형 대수, 확률, 통계/미분과 같은 수학의 기초 지식을 코드와 함께 알기 쉽게 설명합니다.

- 『はじめてのディープラーニング -Pythonで学ぶニューラルネットワークとバックプロパゲーション-』（SBクリエイティブ社）

  (시작하세요, 딥러닝 ~Python으로 배우는 신경망과 역전파~(SB크리에이티브사))

  URL https://www.sbcr.jp/product/4797396812/

이 책에서는 지능이란 무엇인가? 에서 시작해 조금씩 딥러닝을 구축합니다. 인공 지능에 대한 배경 지식과 실제 구축 방법을 균형 있게 학습할 수 있습니다. 텐서플로나 파이토치 등의 프레임워크를 사용하지 않으므로 딥러닝, 인공 지능에 관해 범용적인 스킬을 익힐 수 있습니다.

- 『はじめてのディープラーニング2-Pythonで実装する再帰型ニューラルネットワークとVAE, GAN-』（SBクリエイティブ社）

  (시작하세요, 딥러닝 2 ~Python으로 구현하는 순환 신경망과 VAE, GAN~(SB크리에이티브사))

  URL https://www.sbcr.jp/product/4815605582/

이 책에서는 자연어 처리 분야에서 유용한 순환 신경망(RNN)과 생성 모델인 VAE(Variational Autoencoder)와 GAN(Generative Adversarial Networks)에 관해 수식으로부터 심리스하게 코드를 구현합니다. 구현은 이전 책과 마찬가지로 파이썬, 넘파이만으로 수행하며 기존의 프레임워크를 사용하지 않습니다.

News! AIRS-Lab

AI 화제, 강의 동영상, Udemy 강의 할인 등의 콘텐츠를 제공하는 무료 메일 매거진입니다.

메일 매거진 등록

URL https://www.airs-lab.jp/newsletter

백 넘버

URL https://note.com/yuky_az/m/m36799465e0f4

YouTube 채널 'AI 교실 AIRS-Lab'

필자의 YouTube 채널인 'AI 교실 AIRS-Lab'에서는 무료 강좌를 다수 공개하고 있습니다.
그리고 매주 월요일 21시부터 인공 지능 관련 기술을 다루는 라이브 강의를 열고 있습니다.

AI 교실 AIRS-Lab

URL https://www.youtube.com/channel/UCT_HwlT8bgYrpKrEvw0jH7Q

온라인 강좌

저자는 Udemy에서 여러 온라인 강좌를 열고 있습니다. 인공 지능 등의 기술에 관해 한층 자
세히 학습하고 싶은 분은 꼭 활용해 주십시오.

Udemy 온라인 강좌

URL https://www.udemy.com/user/wo-qi-xing-chang/

저자의 Twitter 계정

저자의 Twitter 계정입니다. 흥미가 있다면 꼭 팔로우해 주십시오.

Twitter 계정

URL https://twitter.com/yuky_az

이 책을 마지막까지 읽어주셔서 감사합니다.

BERT의 구현은 어떠셨습니까? 이 책을 마지막까지 읽고 코드와 마주한 분은 BERT의 훈련 완료 모델을 태스크에 맞춰 파인 튜닝하고, 문제 해결로 연결할 수 있는 힘을 기르셨을 것이라 생각합니다. 자연어 처리 기술이 보다 가깝게 느껴지지 않으셨습니까?

BERT를 경험하고 무언가의 반응을 느끼셨다면 저자로서 더없이 기쁠 것입니다. 새로운 기술에 흥미를 갖고 시도하는 것은, 설령 곧바로 그 기술을 사용하지 않는다고 하더라도 매우 중요합니다. 이 책에서 학습한 기술이 무언가와 연결되어 새로운 싹이 돋아나기를 바랍니다.

이 책은 필자가 강사로 일하는 Udemy 강좌인 'BERT를 사용한 자연어 처리를 학습하자! - Attention, Transformer에서 BERT로 이어지는 NLP 기술'을 기반으로 하고 있습니다. 이 강좌를 진행한 경험이 없었다면 이 책을 쓰는 것이 매우 어려웠을 것입니다. 항상 강좌를 지원해주시는 Udemy 모든 스태프 분들에게 이 자리를 빌어 감사를 전합니다. 또한 수강생 여러분께 받은 많은 피드백은 이 책을 집필할 때 큰 도움이 되었습니다. 모든 수강생 여러분께 감사를 드립니다.

그리고 쇼에이샤의 미야코시(宮腰) 씨에게는 이 책을 집필하게 된 시점부터 완성에 이르기까지 큰 힘을 받았습니다. 다시 한번 감사를 전합니다.

그리고 필자가 주최하는 커뮤니티인 '자유연구실 AIRS-Lab'의 멤버들과의 소통은 이 책의 내용을 개선하는 데 큰 도움이 되었습니다. 모든 멤버들에게 감사드립니다.

이후 독자 여러분의 삶에서 이 책의 내용이 어떻게든 도움이 된다면 저자로서 더없이 기쁠 것입니다. 그럼 다른 책에서 또 뵙겠습니다.

2023년 7월 1일

아즈마 유키나가(我妻幸長)

저자 소개

아즈마 유키나가(我妻 幸長/あづま·ゆきなが)는 '인간과 AI의 공존'을 사명으로 하는 주식회사 SAI-Lab의 대표이사로, AI 관련 교육과 연구 개발에 종사하고 있다. 도후쿠대학 대학원 이학연구과 수료 후 이학박사(물리학)를 취득했다. 인공지능(AI), 복잡계, 뇌과학, 특이점(singularity) 등에 관심이 많으며 프로그래밍/AI 강사로서 지금까지 오프라인에서 1000명 이상, 온라인에서는 2만 명에 가까운 인원을 지도했다. 세계 최대 교육 동영상 플랫폼인 유데미(Udemy)에서 '처음 시작하는 파이썬', '실전 데이터과학과 머신러닝', '모두의 딥러닝', '모두의 AI 강좌' 등을 강의하고 있다. 엔지니어로도 일하면서 VR, 게임, SNS 등 분야를 불문한 다양한 애플리케이션을 개발했다.

저서로 『첫 딥러닝 ?Python으로 배우는 신경망과 역전파』(SB크리에이티브, 2018), 『Python으로 동작해서 배운다! 새로운 수학 교과서 기계학습·심층학습에 필요한 기초 지식』(쇼에이사, 2019), 『첫 딥러닝 2 Python으로 구현하는 순환 신경망, VAE, GAN』(SB크리에이티브, 2020) 등이 있다. 저자의 유튜브 채널에서는 무료 강좌가 다수 공개되고 있다.

▶ Twitter: @yuky_az

▶ SAI-Lab: https://sai-lab.co.jp

찾아보기

찾아보기

파이토치와 구글 코랩으로 배우는

BERT 입문

초판 1쇄 인쇄 2024년 01월 10일
초판 1쇄 발행 2024년 01월 15일

저자 : 아즈마 유키나가
번역 : 김모세

펴낸이 : 이동섭
편집 : 강민철, 송정환
본문 디자인 : 강민철
표지 디자인 : 김연정
영업 · 마케팅 : 송정환, 조정훈, 김려홍
e-BOOK : 홍인표, 최정수, 서찬웅, 김은혜, 정희철
관리 : 이윤미

㈜에이케이커뮤니케이션즈
등록 1996년 7월 9일(제302-1996-00026호)
주소 : 04002 서울 마포구 동교로 17안길 28, 2층
TEL : 02-702-7963~5 FAX : 02-702-7988
http://www.amusementkorea.co.kr

ISBN 979-11-274-7107-1 13000

BERT実践入門
(BERT Jissen Nyumon: 7781-6)
© 2024 Yukinaga Azuma
Original Japanese edition published by SHOEISHA Co.,Ltd.
Korean translation rights arranged with SHOEISHA Co.,Ltd. through Digital Catapult inc.
Korean translation copyright © 2024 by A.K Communications Inc.